即時療癒人際關係的痛與情感內傷

可惡的他人和可憐的自己

蘇絢慧——著

前言

你要自己無害與善良，卻讓自己很受傷?!

只要是人類，必然會在成長過程中，經歷到情感上的失落和情緒創傷，其中包括了一種對世界美好與天眞想像的落空和挫敗。

這種想像「世界應當美好」的潛藏信念，多屬於不合理的、非理性邏輯的，像是「世界上的每個人應該都是好人，他們都會愛我、喜歡我」「這個世界是溫暖和充滿關懷的，一定會相互幫助、相互理解」，或是「這世界不會有惡意和欺騙，至少遇到這種事的一定不會是我」……

這些偏頗的單方面想像——覺得世界應該如伊甸園般，既純眞又美好，良善又充滿溫暖——是生命一開始如白紙時，對這世界一廂情願的認定。但是，畢竟我們生活在現實世界裡，即使每個人的人生際遇不同，但這份幻想的破滅，必然會因爲這現實所存在的嚴苛及殘酷屬性而發生，而面臨。

因欲望和需求不同，這個世界充滿了形形色色的人格樣貌。而彼此之間的衝突和對立，則打從有人類以來便一直存在，從未歇息或終止；人的一生，也自然脫離不了遭受現實的打擊、領受幻滅的洗禮。

在所謂「幻滅，是成長的開始」中道出的人生真相，正說明人若想真正體悟出個體生命的蛻變力量，必須從離開自我中心的位置、鬆開對這世界理想完美的想像開始。讓自己真實地認識這個世界，也真實地接觸他人並認識自己，如此才能在活著的時時刻刻裡，透過與這世界的衝撞及相處，淬煉出屬於自己內在的領悟和智慧力量。

然而，有些人卻在成長的過程中停滯不前，以一種儀式般的自我暗示及自我設限，讓自己不斷存在於某種情境、重複上演著某種人生情節，不停地加深對人生的無能爲力，以及對自身生命的沮喪和厭惡。同時，視自己爲「沒有資格參與這世界的人」，或是認定自己在這世上只能扮演某些卑微、不幸的人物。

這是值得探討的主題：是什麼樣的心理防衛機制及心理模式，讓生活像無止盡的歹戲，總是重複著「可惡的他人」和「可憐的自己」呢？

爲何一個人無法停止將自己設定在「善良卻可憐的我啊！」的位置呢？

爲何在他的所言所行中，這世界完全化身爲一個夠凶狠、夠心機、夠不良及實在骯髒噁心的存在呢？

爲何他所對應的別人，全都變成沒良心、惡劣、嫉妒、霸道、強勢，欺壓他的惡棍呢？

透過心理觀點的凝視和探討可以知道，這一切正顯示著個體的內在生命存在著分裂，且他曾經歷的失落和創傷情緒難以整合。爲了確保所感受到的自己是「好」和「善良」的，就必須切割和去除他所不想經歷的、不想承認的那些內在之「惡」與「壞」。於是，「惡」與「壞」必須投射於外在世界及他人，而不是在自己身上。

至於那些自己對「好」與「善良」的定義，則是以有限認知（幾近心理偏執的狀態）歪曲認定的。像是：

「對他人抱持慷慨及情義相挺，就是善良」；

「不拒絕別人，就是好人的表現」；

「人家有需要，就該幫忙，不顧一切地對別人好」；
「不要反駁、不要衝突，做個乖順的人就是孝順的表現」……

這些認定要求自己極力維護這些信條與道德需求，並在生活中毫無選擇執行這些待人處事的方法，是爲了確保自己在別人心中，是獲得認同的好人、善良的人。

然而，這些對「好人」與「善良」的定義，往往來自幼年時期，從孩童的眼光和角度所見的世界及他人，將其做爲自己的標準所做出的認定與判斷。

這些認定及判斷，可能來自幼童時期的某些情緒衝擊事件，或是因某些人際關係上的情感創傷及失落所設下的結論；也可能是因爲生活環境的灌輸與塑造，以形成自己的生命信念和生存自保機制。然後，爲了證明自己能挽救並避免幼年時所經歷的傷害或痛苦，在後來的成長過程中，沿用了這些信念和防衛機制，並置入於人際關係，不得不重複著某些人際關係的互動情節。

可是，往往那些「自以爲」或「一廂情願」，才是讓我們受困、反覆受傷的原因所在。

這本書，就是要和你談這件事。目前爲止，你是否曾反思過：自己因爲在家中有怎樣的處境、怎樣的成長歷程，建立了什麼習以爲常的生存模式，並形成了你什麼樣的性格、組成了怎樣的內在系統（情緒模式及思考模式），來面對自己所生存的世界？如果你常感覺到自己內心受傷、受挫，又苦不堪言，那麼，這一切究竟是如何發生的？

埋怨這個世界和他人，或怨恨自己的生命際遇是很容易的，但這些方式並不能讓你停止「覺得心裡很受傷」，也無法讓你從受傷的情境中強壯起來。

當然，更不會因此讓你尋得一位拯救你的英雄，成爲你永不懼怕再度受傷的靠山。如果，你眞的想終結自己的內傷情緒，你最需要的，是清楚看見什麼樣的人際互動模式和情緒反應模式，會讓你輪迴般不斷跌落內心陰鬱的深谷，並覺察出這些模式如何讓你的傷口反覆發炎惡化，始終結不了痂，無法癒合。

我們都知道，人體的傷口，例如皮膚發炎，若是反覆潰爛，或有總是癒合不了的問題，可能是幾個因素造成的：一是自體的免疫力和復原力太弱，以致細胞沒有足夠的修復力，以做爲癒合的後盾；二是個人行爲造成的，例如：傷口護理過於粗心大意或根本不以爲意，更糟的情況是反覆刺激傷口，甚至是撕裂它。

人的心理情緒傷口亦然，若自己的修復力及照料能力不夠，又反覆地打擊自己、讓自己受挫，便會雪上加霜地累積更龐大、更糾結的痛苦情緒。那麼，心理傷害將越演越烈，一發不可收拾。

所以這本書，我希望給讀者兩個重要的概念，也就是對待自己的受傷情緒，或面對挫敗打擊時，應該試著學習兩件事：

一是學習正確照護內心的情緒傷痛，調節及釋放你的情緒痛苦，同時避免進入惡性循環的情緒傷害中。

二是避免用舊有的習慣模式，讓自己反覆受傷，並無意識地使自己受傷的情緒擴大失控，以致擾亂並擊潰自我，讓自己陷入無明黑暗中，迷失了人生方向。

即時救護，是我們對性命維護最普遍的觀念；但對人的心理而言，即時救護也同樣重要。所有的生命救援都著重在「黃金時刻」，及早對內心那些受傷的情感採取正確的救護方法，並具備完善的健康概念，同樣是愛惜性命、妥善照顧自己的重要養生之道。

閱讀須知

本書所有故事人物及情節皆為化名並經過編寫，非指向任何人的隱私及經歷。

Chapter 1
為什麼受傷的感覺揮之不去？

人生不可能不受傷。不僅「身體」有受傷的可能，心靈亦是。

如果「身體」受傷了，生理上的免疫系統及再生復原力，會提供我們修復的機制；不過要是「心靈」受傷了，雖說一樣有復原力，可透過情緒自我調節和心理防衛機轉來因應，但對心靈健康不重視，也沒有維護概念，那麼許多時候，不但無法減緩情感上的創傷，還會變本加厲地讓心靈傷口更加惡化，直到扭曲自我，造成無可修復的殘害毀滅。

相較於心靈，大部分的人對身體的照顧和對待了解較多，比較懂得要怎麼護理傷口：知道別讓傷口受到感染，以免造成潰爛紅腫，讓受傷組織發炎惡化。當然，也有少部分的人刻意傷害身體，並忽視它所發出的警訊，讓身體承受莫名的危害和痛苦。只不過，就心靈所承受的傷害來說，社會上的人們，普遍未能像對待身體一樣，懂得心靈的照護和保健，同樣需要細心關注和及時救治。

你從沒學會情緒關照及調節

每個人的人生，皆脫離不了生活打擊和情感上的挫敗。成長過程中的孤立無援、失落痛苦、自卑羞恥……所引發的心理不安、焦慮、無助、沮喪和自我懷疑，都是具有傷害性的情緒。許多人因應和面對這些情緒創傷的方式，是用長久以來的家庭經驗，以及成長過程中所累積的習慣模式去應對，而非眞正去關照和修復。

大多數人早年的家庭教育，總是讓孩子覺得：情緒挫敗和情感失落，都是應該被隱藏或是消音的感受，否則就是一個糟糕、惹麻煩、任性、情緒化的孩子。家庭的父母或照顧者，爲了省事省力及方便管教，對於孩子身上出現的情緒反應，多以訓斥責罰和辱罵等方式，要求孩子抑制情緒的感受，否則生存就會受到脅迫——不是恐嚇會遭到遺棄（再哭，就不要你了），就是威脅孩子不會得人喜愛和接受（我才不要有這種麻煩的小孩、別人不會喜歡你）。

當然，一直不乏有人倡導，孩子就該以打罵來管教才有效，讓孩子盡早體認到這世界和社會的現實殘酷，才不會養出草莓族、玻璃心。

這不但是很嚴重的誤解，也是一種詭譎的認知邏輯。這意思是說，大人不需要關切並協助孩子面對、認識自己的情緒，反而因爲社會上大多數的環境都是無情、無關懷之心的，所以爲了讓孩子提早適應這個社會，應該要以打罵的方式，盡早讓孩子鍛鍊金剛不壞之身，讓他們在打罵中越挫越勇，如此一來，長大後就可以承受殘酷的現實了。

沒有一份心智相關的科學研究，會爲這樣的論點提供佐證。相反的，有更多研究顯示，在打罵或權威教養中長大，以及情感連結有缺失的孩子，成年後的自尊，不但常處於不穩定狀態中，對於自己的價值感和認同感，也都會感到不確定和低落；嚴重者甚至會在精神方面承受極大的痛苦。

在這種情況下成長的人，他們最嚴重的心理問題，是**對自己的厭惡和排斥、對人際的焦慮和不安，以及對人生感到消極和痛苦。**

尤其是早年生命經驗中，那些從來沒被關心、照護，也不曾受到疏導調節的痛苦情緒，就這樣累積在個體心裡，不僅從未得到正確照顧和適當引導，也完全沒有實質上感受到安慰的經驗。

於是，個體無法學習關照與調節自我情緒的方式，還十分誤解扭曲地認爲，自己的情緒其實是極爲糟糕及錯誤的，進而產生更多對自己的否定及排斥。

自我忽視和厭惡，讓情緒不斷攻擊自己

對自己體內所產生不舒服和痛苦的情緒，若只想以否認、壓抑及切割的方式因應，不僅不會如願，反而更無法獲得眞正的平緩安穩，還可能因爲這般強烈的自我攻擊與情感忽視，讓情緒始終有如龍捲風般侵蝕著內心、擾亂心理秩序，讓自己處於痛苦情緒的侵害中，不停受傷。

情緒，是我們的呼救機制，讓我們知道內心和外界之間有狀況發生了。當情緒越是不安混亂，我們所感受到的外界，就越有可能正在讓我們經驗威脅，且危及生存安全的傷害。

當然，情緒是眞實的，但未必是事實。情緒，以「不安全感」來敲門，試著提醒我們，但未必眞的有不安全的事實發生；更有可能的是，那些自動引發的情緒，來自

童年以來反覆累積的受傷情緒，投射到生活各個層面，讓我們小心謹愼、防範傷害，卻不是根據客觀事實的依據來判斷，因而使我們陷落在情緒洪水中，不可自救。

於是，太害怕被自己情緒淹沒的人，會極端地以切割和壓抑的方式，避免接觸它，反而形成對自己的疏離和冷漠。由此可見，個體若是過度害怕感受情緒、過度擔憂情緒的引發，將帶給自己致命的危險。這種自我忽視，也就是對自己不理不睬的態度，將導致：即使有很糟糕的事發生了，或處於錯誤的關係中，卻可能還是讓自己反覆處於受傷、受虐中，麻木以對。

但也有些人會以自我攻擊的方式，無視自己的痛苦感受，反而用反覆戳痛傷口的做法，擴張心理傷痛的損害程度，以趨向自我毀滅。

爲什麼會錯把自己當成攻擊的目標呢？

就心理防衛機制來說，這種攻擊的欲望，來自於童年時期並未經歷到的安穩接納感，同時又感受到來自環境的排斥與拒絕。因爲年齡尙幼，仍須仰賴環境的供應及餵養才得以生存，爲了在照顧者身邊待下來，只能認同照顧者的攻擊及否定行爲，把自己視爲一個糟糕、不乖的孩子，並合理地認爲一切都是自己的錯、「是我不夠好」，才會引起照顧者如此激烈的情緒攻擊及責罵。

所以，個體在不知不覺中視自己爲敵，認定自己爲一切問題的罪魁禍首，單一地歸咎在自己身上，也就失去建立客觀了解現實的辨識能力，落入不需要澄清，便自動引發強烈自責、自我貶抑的情緒漩渦。

當我們無法停止使用錯誤的方式對待自己時，就會自動、無覺察，反覆地以自傷的方式，讓原本就難受且痛苦的情緒變得更雪上加霜。受傷的情緒和受損的自我，在需要療傷止痛的修復期中，不但未得到即時急救治癒，還因爲習性的制約，刻意忽視自己的需要，造成心理難以處理的情緒陰影，和永難平復的痛苦感。

覺察過去的自我麻痺與攻擊模式

過往的家庭經驗，讓我們吸收了不少對自己的負面看法及否定。許多時候，那些負面否定與評價，讓我們對自己的挫折和自尊損害不予理會，並產生更多的自我責備和自我厭惡。

要讓受傷的情緒緩和下來，最重要的第一步，就是願意覺察：對於自己，你是否有許多冷漠與無情嚴苛的評斷？然後試著連結痛苦的情緒，給予自己些許溫暖的情感支持及安慰，與自己建立連結以守護自尊。並且，努力做到「無論發生什麼，都不以否定自我生命價值做爲自我攻擊及貶抑的方式」。

你需要鍛鍊理智、以行動關心自己的情緒，並試著克制自動攻擊自己的潛意識衝動。試著練習讓理智幫助自己梳理那些紛亂情緒，同時了解它因經歷什麼而啓動，又需要什麼樣的照護和關心，這才是確切的自我照顧之道。

任由情緒擴大蔓延，或是放大它、使其趨向災難式的自我毀滅，都不是自我照顧及情緒調節的正確方式。事實上，任情緒擴大蔓延，並不叫容許或接納情緒，反而是漠視它，對它置之不理，放任它激烈地摧殘自我。

這就像看見一個正在哭泣的小孩，越不理會他，他必然哭得越大聲，因爲此刻的他需要關注和協助。所以，放任他哭、不停哭、隨他哭到上氣不接下氣、哭到聲嘶力竭，並不是關愛他的做法。對孩子來說，大人的置之不理，其實是一種冷漠和隔離，也是拒絕和遺棄。

這樣的孩子，因爲情緒上缺乏陪伴，也沒有人協助他進行調節，日後若是再度經歷內在的不安或不穩，就很容易被自己的情緒吞噬或覆蓋。任憑它不斷擴張放大，卻完全無能爲力，一點辦法都沒有。就像他小時候，當他覺得不安或難受時，身邊的大人一點辦法也沒有一樣。

內傷的來源：人際關係的互動模式及日常相處問題

人的生活離不開人際關係，即使長大後並不恐懼一個人獨自生活，但是我們的生活中仍然需要其他人存在，才能建立互助、互相供應的生活網絡；且身爲人類的生物本能，讓我們仍然渴望與群體產生連結，希望在群體中，體會到情感的交流與生活的相互支持。

然而，人際關係的往來，不是只有美好的體驗，有更多部分會讓人體驗到既複雜又不舒服的暗潮洶湧，著實令人煩悶難受。

人際關係，是最能讓我們經歷到內在安全感狀態的一面鏡子。當內心的守護力變得越薄弱，我們對外的警戒感就越強，甚至一刻不得鬆懈。一刻也不能放鬆警戒心的情況下，人際關係中的一點風吹草動，都會讓我們更加敏感、更加警鈴大作，使我們堅信這個世界充滿不安全及威脅。

有時候，因為內在安全感的不足及薄弱，讓我們不自覺地想要依賴他人、獲得保護，於是固執地幻想著：該如何從外在找到某個強大的人來保護自己，包容自己的依附及寄生呢？不這麼做的話，自己便完全是個無助者，抵擋不了外界的挑戰和任何來自周遭的挫折。

內在沒有安全感的人，必須常常緊閉心門，但只要有任何一個看起來很強、可讓人依賴的對象出現，就會讓他失去人我關係界線的把持和判斷力，義無反顧、衝動、無法控制地往那人奔去，強烈渴求一份高度保護和依戀的關係。

要嘛就緊閉心門，封鎖自我，不和外界溝通和接觸；要嘛就飛蛾撲火，不顧一切地奔向自認為的照顧者、保護者，任性地要求對方滿足自己的需求和渴望。這兩種方式都會埋下人際關係衝突和問題的不定時炸彈。只要引信一點燃，或是人際衝突陷入白熱化時，就會炸得雙方粉身碎骨。

拿捏不好的人際界線及心理距離，還有無法溝通和協調的相處問題與衝突，正是成爲內心一道道撕裂傷，和與人相處的恐慌經驗的原因。

可是，那些因爲人際界線拿捏不定，以及心理距離若即若離所引發的不安和焦慮，究竟從何而來？塑造這些模式的源頭究竟是什麼？又是什麼原因，讓我們要不就是封閉自我、害怕溝通，要不就是與人愛恨激烈地採取高衝突互動？爲什麼平穩、平衡的互動及相處這麼難？

「原生家庭」是人際經驗的初始來源

當我們探討人際關係的模式時，每個人最初始的人際關係經驗來源，莫過於自己的「原生家庭」，這也是我們內在心理的原傷所在。

當你處於建構眞實自我、養成穩定人格的歷程，以及發展自尊和自我認同的關鍵時期中，和原生家庭的關係與互動經驗，將影響你對世界、他人及自己的觀感，進而形成一組概念，以因應生命的運作，並漸漸組成生存反應模式。

至於概念的形成，是由千萬次、點點滴滴的生活經驗所累積，不一定都是受巨大而強烈的衝擊事件所影響，也可能是一個再平常不過的日常，日夜反覆發生所帶給個體的感受和想法。

這些每日累積的觀念感受，會漸漸形成個體的「經驗法則」。「經驗法則」沒有對錯好壞，一切都是爲了「生存」，而該有的反應和動作。這些由生命個體主觀且毫無澄清所認定的「個人事實」建構而成的生存反應模式，大多源自那些童年時期所知覺與感受到，關於在家庭中應該如何與人互動、相處、說話、對應，「才是應該的、正確的」訊息。

當個體的心理，慢慢建立起該怎麼對應他人、該怎麼活在這個世界上，又該怎麼呈現自己的參考架構後，這套架構便會在不知不覺中，成爲他內在的運作系統，也形成了個體的因應外界的模式。

普遍來說，在我們的生活中，不論好的經驗、壞的經驗都一樣會發生，所以我們需要統整，需要體會共存。例如，我們會感受到來自周遭大人的照顧撫慰，也會感受到來自他們的嚴厲管教；我們會經驗到被他們擁抱，也會經驗被他們忽視。無論我們經驗到什麼，都是屬於「完整」中的一部分。

只是，做爲一個人，在誕生的頭幾年裡，還無法認知到這個眞實世界的存在，只能感受到自己，因此，以自我爲中心、渴望獲得照顧與滿足的全然依賴，是嬰孩必然存在的狀態。

對一個生命的頭幾年來說，個體唯一重要的任務就是「活下去」；不論是生理或心理面，都渴望感受到獲得滿足及保護，好讓自己能安穩生存，快樂成長。所以，那些好的經驗，會讓我們感覺猶如置身天堂，有美好和快樂，有眷戀與期待；至於那些壞的經驗，則會讓我們彷彿置身地獄，因經歷創傷而痛苦不安、錯愕驚嚇。接下來，生命的驅力會極力想獲取好的經驗，努力想去除並逃離那些壞的經驗，以避免生存受到威脅和危險。對應主要照顧者（父母、長輩及其他重要他人）的對待及照顧後，便漸漸形成這種喜愛及痛苦交雜的矛盾感受。

當生命還那麼弱小，想當然爾，並無法「靠自己」給自己所需要的照顧、呵護及保護，於是，我們會鎖定身邊能給予安全、信任、穩定安撫及照顧的那個人，讓他成爲我們的「重要他人」，建立人生最重要的初始關係，這就是「依戀關係」的產生。

因此，生命一開始會有一個非理性的信念，認定：「保護我的、供應我的、滿足我的，一定要是外來的；我是無法給我自己的。」在生活歷練中，如果沒有從周遭環境及遇見的經歷中，加以學習、練習並提升自己應對這個世界的方式，那麼，我們的內在極有可能會一直處於這種「弱小無助的嬰孩狀態」，始終覺得自我的照顧和保護，必須仰賴於外界的供應和滿足，而無法透過自己習得與獲得。

正因爲許多人的內在狀態膠著於這種「嬰孩模式」，未能轉化爲「成人模式」來因應外界，同時照顧自我，以致時常處於弱小無助的不安中，無法即時護衛自己；一旦有非預期情況發生，或面臨衝擊時，往往只能像個孩子般無助茫然，除了忍受與承受那些打擊外，根本無法爲自己進行有效的人際處理和事件因應，只能渴望有一個「某人」出現，好解救自己。

天眞無知，是不願長大的僞裝

即使很想進行有效的人際溝通和反應，但表現出來的行爲和方式，卻像孩子一般，要不是生悶氣、難掩不舒服的情緒，不然就是覺得自己很無助渺小，什麼都無法反應，什麼都不知該怎麼表達。

這些呆愣驚恐的反應，讓人的內在處於「當機」「斷線」「空白」的無助狀態，所有成長過程中學習過的社會能力，都可能瞬間瓦解或消散。

我從事心理工作多年，職場中會遇到形形色色的人，每個人的問題及生活困擾都是獨特的，所形成的因素各自有其複雜性。但我觀察到，時常主述在人際關係中很受傷的人，對自我概念和人際關係的描述都很相近：他們時常把自己說成無辜和不幸者；至於自己和他人之間的關係，則常是被辜負和遭受背叛的那一位。

他們的人生處境，無論轉換到哪裡，似乎都是容易被欺負、排擠及輕易遭受否定的那一位；而外在世界與他人，都是權威、無理、欺侮及霸凌他們的人。

在這類故事情節的述說裡，可以清楚地看到一種對立關係；在關係兩邊所描繪的人，是截然不同的兩種身分，例如：「加害者—受害者」「邪惡者—善良者」「可惡者—可憐者」「霸道強勢者—無辜弱勢者」，還有「負心者—有情者」。當然，內心處於受傷狀態的人，對自己的描述，多半呈現爲：受害的、無辜的、善良的、可憐的、弱勢的、有情的這一方。

從這些描述裡頭，可以感受與體會到，描述者想要鞏固的自我認知是：「我是善良的」「我是好人」「我是被傷害的」「我是無辜的」，這些概念都在在傳達出，與這世界的關係爲二元對立，自己是全好和全善的，世界是全壞與全惡的。

全有全無——要不是全好，不然就是全壞的觀點，正是孩童時期會有的世界觀及人我觀。對孩童而言，自己是天眞的存在，無論生命經驗或大腦的認知發展，都尚無法處理複雜層面和多元觀點的共存，也未有足夠能力涵容及整合。於是，就像兒童觀看卡通影片，總是想很快地辨識誰是壞人、誰是好人，好決定打擊誰及拯救誰。

隨著生命成長與社會適應的展開，我們會從學習過程慢慢通曉，這個世界是多元面貌的共存，有不同的文化、習俗、觀點，還有每個人不同的角度和內在體會，很多人與人之間關係和互動上的衝突或不一致，已不能再如此簡易地以「不是全好就是全壞」「非黑即白」「非善即惡」的分裂觀點來評判和論定。

雖然是無意識中決定的觀點及認知，但如果一個人固執於要保持自己的天眞無邪，便會有意無意地要自己以孩童般天眞的態度和單純的心思，去應對外在世界，而不願意進一步認識這個世界、學習與它眞實互動，也無法更深入探索自己內在眞實卻複雜的心性。

若是固著在這種天眞孩童的狀態，即使身體長大了，心理卻仍然沒有彈性客觀及統整的能力，好因應生活情境的複雜及多面向事實，那麼這種天眞其實更接近於無知。若沒有從經歷過的生活體驗中，琢磨與領悟出自己參與這個世界的務實能力及韌性（彈性、包容及承接力），只是一味以孩子的姿態和角度面對世界，那麼其實也是一種逃避自己必須長大成人、勇敢面對現實生活的行爲。

面對複雜，是成人的能力和自我發展

複雜，是這世界存在的一部分事實。許多時候，情況之所以變得複雜，正因爲人性是複雜的、文化是複雜的，人的需求和渴望也是複雜的。人的成熟指標之一，就是能處理複雜事物的程度，包括統整複雜的自己。

複雜的事，往往是難以處理的，要瞻前顧後，要考慮這思量那；而要做出一個好的決定，就要能從複雜的情境中抽絲剝繭，找出一個多方都能受惠或平衡的共識點。這樣的歷程著實不易，因此並非孩童心智所能做到的。

孩童的思考能力僅能進行簡單的、截然的、二分法的理解及判斷。就像孩子在看卡通或是故事書時，很快就會想知道：「誰是壞人？誰是好人？」這種現象也會發生在他們面對生活情境上。凡是關心呵護他的，就會被孩子視為「好人」「好媽媽」「好爸爸」；只要是凶他或忽視他的，就會被他視為「壞人」「壞媽媽」「壞爸爸」。不過在成長過程中，我們會經歷青少年時期抽象思考與換位思考的學習，再加上生活經驗和人生智慧的累積，慢慢的，就會發展出處理、因應與統整複雜的能力。

但害怕「複雜」感的人會逃避這樣的學習。因為怕自己不在行，或始終抗拒面對現實環境，於是以各種說法和理由告訴自己「這個世界就是那麼勢利」「這社會多麼複雜、多麼可怕」，強化「如果不想成為那樣的人，就必須保持在天真、善良和正義的狀態中，否則就會像那些壞人惡棍一樣可恨」的想法。

然而，這樣的天真、善良或正義，都是沒有經過考驗的；甚至是蒙著頭、假裝沒看見那些已經屢次發生的事實真相，以及許多層面所引發出的衝突和矛盾，只是自顧自地以強迫式思維予以堅持和認定。

他的生活，很可能因此固著在某些情境，反覆上演同樣的挫折和沮喪，也重複著同樣的傷害和痛苦。即使心裡埋怨很深，深覺這世界辜負了他、殘害了他、不懂珍惜他，卻還是不明白：為什麼這些老掉牙的爛情節會一再出現在自己的生活中、人際關係裡？為什麼總是自己遇到？

接下來，在第二章，我會以十個故事，說明十種來自人際情境的情感內傷模式，並解釋內心易受傷者是如何誕生的。

而這十種讓內心受傷的情節中，有非常多層面都來自原生家庭的影響和塑造，以及成長過程中大大小小的生活經驗累積，所交疊而成的人際互動模式。人類的反應只要成為某種模式，就會成為人格運作的一部分，自然是難以改變的；然而若不對自己的模式加以覺察與認識，就更難鬆動及調整這些早已固化的模式。

Chapter 2
易受傷者的誕生

十個故事，
十種由人際而來的情感內傷模式

我們從第一章了解到，社會中許多人其實都有「易受傷」的心理體質，也就是內建的心理功能處於脆弱無力、甚至是失能狀態。為什麼這麼說呢？

若要探討華人社會普遍存在的「易受傷」心理體質，除了基因遺傳的因素之外，我們可以從三方面來著手：社會文化的集體影響、家庭教養的塑造、個人生存的人際因應模式。

先從社會文化集體的影響說起，華人社會的結構是權威階層型，能否獲得「尊敬」及「重視」，往往取決於你的社會地位和社會成就。越是無法成為上位者，心理上越會有遭受貶抑與輕視的否定感，於是自尊會常覺得受傷。

小從名次排行、家世背景，大到社會階層、權力地位，方方面面都明著告訴你：沒有頭銜、地位、條件和權勢，你的存在毫無價值。

再加上，權威者以上對下的姿態，歧視及貶抑的慣性，把其他人視為奴隸般任意使喚和控制，更加深自認地位較低者的自尊挫折和自我壓抑。

以致華人社會中的個體，其「自尊」（自我尊重和肯定）往往很難穩定，總是要依從著環境的反應來決定自己的價值。如果被環境接受及讚許，自尊感就可以稍微穩定一些；但若是環境反應冷淡或是不表認同，自尊就會瞬間跌落，感到自己不被重視而心灰意冷。

集體所形成的社會文化觀念，讓許多人在社會職場跑跳時，常常必須努力追求受尊敬的地位、頭銜，所以有些人在名片上的頭銜或撰寫的學經歷上，總要一大串洋洋灑灑的，唯恐大家不知道他大有來頭；但同時又覺得不平及氣憤，每天都要忍受一堆他人的不尊重及輕視。這種情況下，此人無法從內在安穩住自尊，總是不自覺地想與環境中的他人比較，好掂掂看自己有幾兩重，也就因此造成自己不斷在追求優越，卻同時處於自卑的心理中，矛盾掙扎。

再者，談談家庭教養的塑造。所謂的「家庭」，都是一個個獨立運作的單位。每個家庭本身，都有屬於自己的特色及氣氛；但它畢竟是處於社會文化結構下的產物，所以，家庭的氣氛型塑脫離不了社會文化的影響。只是每個家庭在與社會文化交互作用下，會產生什麼樣的效應變化，又會對家庭中的個體產生什麼樣的影響，差異性就很大了。

有的家庭，特別在乎社會上的地位和成就，用社會的主流價值在評量家庭成員值不值得尊重，若沒有獲認同的成就，家庭成員就被視爲「賠錢的」「無用的」或「多餘的」。

有的家庭，則沿用了社會文化的威權及階層觀念，在家裡也非常在乎輩分和禮教，即使在家中稱呼爸媽，也必須恭敬地稱呼「父親」「母親」，而孩子始終被視爲這個家庭的低階者或所屬物，永遠不會被賦予發言權及自主權。

有些家庭，則是極度恐懼被社會視爲差勁者與低階層者，總是耳提面命要孩子表現優異，讓長輩有面子。若是孩子做不到或不順從，則會將許多羞辱、批評和指責的言語加諸在孩子身上，極力要求孩子務必達成家長的期待。

但也有些家庭，對孩子的教養只限於維持他們的基本生理需求，其餘的情感關注及回應，少之又少，可說是長期的漠視、忽略及不聞不問。這使得孩子無法充足地體認到自我的存在，懷疑生命的存在價值，對於自己這個人的感知，時常感到模糊而混亂。

總括來說，華人的家庭教養自古以來便充斥許多威權及懲罰論點，爲了目的，更是可以罔顧個人的感受和尊嚴，任意支配及批評，甚至多少帶有「暴力」的念頭和想法，覺得從小讓孩子體認到殘酷無情的對待，是爲了孩子未來進入現實與競爭的社會，所提早進行的鍛鍊。爲了讓孩子不要有軟弱的情感表現，許多家庭用加倍的羞辱和懲罰，讓孩子不再哭泣、不再表達任何情緒，也不能經歷自己的脆弱害怕。

在這種家庭教養及對待下，那些從小就被嚴苛與無情對待的孩子，過早失去安全的情感關係；也是在這種家庭與父母的教養下，他們無法建立內心的安全堡壘及自信，也不能獲得內在安穩的安全感。雖然外表可以成功地表現出不認輸、無感、冷漠，好像不論發生什麼，都不會感覺受傷的樣子，但事實上，這其實都壓抑成了「內傷」。

「內傷」讓人努力想避開危險，獲得生存

一個人有「內傷」，就像身體一直處在失溫狀態，並且缺少營養素。要是「內傷」多了，又怎麼可能不扭曲，健康地成長茁壯呢？

內在必然會有許多因著早年經歷不安全感和情感創傷，而對這個世界與人際關係

產生的恐懼不安、敏感，以及許多疑慮。對於自己，更會因爲內化了早年主要照顧者的對待方式和教養態度，而用同樣的方法來對付自己。所以，羞辱、批評、指責、打擊，便會是個體內在經常發生的狀態，這也是內在情緒傷害不斷出現的來源。

家庭教養的塑造，就像是一個人生命建造的地基。地基建立時，若是產生許多不穩定情況（家庭忽視、暴力、虐待、精神耗弱、剝奪），造成地基鋼架不穩和不足，甚至是空洞易脆，那麼這生命的建造過程中，就會隱藏很大的危機，所建築的層樓就可能成危樓，時時刻刻處在危險中。當生命個體越是努力想往上加蓋生命成就，其內在的空虛基地（心理素質虛弱），就越可能承載不住重量壓力，而斷裂而崩毀。

至於家庭教養的塑造，更會影響的是接下來要討論的：個人生存的人際因應模式。

既然家庭有家庭的要求（不論是潛規則或是明訂的家庭規矩），也有它所提供的生活環境，那麼，一同生活在這個家庭的成員，就必須各自發展出一套所謂的「生存之道」，來因應家庭成員們彼此給出的生存挑戰和難題，就像是面對生存遊戲或飢餓遊戲。

於是，心理「易受傷者」之所以會出現，多少是爲了因應他所處的生存環境，極力想避開環境中隨著他人而來的危險及威脅；同時又呈現出，他對自身處境的無能爲力與無助，只能愣住或用忍受來反應。

那麼，什麼樣的生存環境（家庭及社區），會製造「易受傷者」呢？

無疑的，是那些虐待的、暴力的、精神威脅的、高壓控制的，或是忽視的、漠不關心的，還有過度保護與剝奪能力的家庭及社區環境。不僅缺乏情理教育、缺乏溝通及互動，並在過於權威高壓、忽視遺棄，或過度保護的管教下，不允許個體擁有探索自我的機會，也不給予適當及彈性的自我發展，這些都是不利身心健康成長的阻力。

因此，心理「易受傷者」爲了在這樣的家庭環境中活下來，便讓自己處於高度依賴狀態，認定了必須透過剝奪自己的能力和個體性、抗拒自我的成長及發展，才能被所處的家庭環境成員所接受，不至於遭棄養或被排除。

比如，在一個多手足的競爭家庭中，排行老大的姊姊，必須透過很乖巧懂事、能立即幫忙父母、具備能力照顧及管教弟妹，好獲得「活在這個家」的資格；而這個家庭的唯一兒子，必須透過「不要有自我的主張和意見」，讓自己變得無能和依賴，好獲得母親永不離開的關注，並討她歡心。

一旦求得生存及獲取資源的生存模式，被個體設定下來了，成為自動化的運作系統，就會因著失去自我成長的空間，無法適切地隨著生命年齡成長而有所轉化、有所學習，那麼固著化的模式，就容易成為接下來因應不同生命階段、生活問題、人生挑戰時的障礙及妨礙，無法因時因地、因關係不同、因角色不同、因目標不同……而產生適當且彈性的發展。

也就因此，成為一名心理「易受傷者」。

心理「易受傷者」，有著易受傷的情緒循環模式

心理「易受傷者」，也可說是「情感脆弱」者，會出現反覆受傷的現象。就算他們在所處生存環境中容易感到受傷，但他們仍會持續待在這個循環中，很難真的終止這種被傷害或惡待的關係，也很難離開長期讓他們感到受傷的環境。

這不僅是因為他們發展了一種生存方式——習得無助感（學習來的無助感），使

自己處於受傷情境，卻毫無能力去行動及解決；同時，他們的易受傷感與受挫的沮喪情緒，會漸漸形成自動化的內在反應模式，毫不遲疑地自動開啓，形成易受傷情緒的循環。

或許是他人一個不認同的眼神，或是他人的一個拒絕、一個不同看法，與一個不佳的口氣，都會讓他即刻啓動「受傷」的恐慌感及挫折感，也會讓他深陷在被拒絕及被排除的不安情緒霧霾中，難以清明。

當然，這種無助感與挫折感的心理受傷反應，並不一定會以情緒低落和沮喪呈現，爲了掩藏內在所經歷的脆弱感，不讓人有機可乘地加以攻擊，心理「易受傷者」也會興起防衛心，以憤怒的指責與怪罪攻擊環境，控訴自己所遭遇的傷害。只是，這樣的憤怒攻擊並沒有實質效益，是無功能性的，並不能眞的處理問題，也不能解決實際情況，受傷者反而徒然淪陷在狂怒發洩和失控咆哮中，並再度面臨下一波被壓制及被責備的處境。

也有些「易受傷者」以「情感封裝」的反應，來掩飾內在、保護自我。可能是冷漠，或是無感表現，好讓外在環境看不出他內心的受傷及易脆弱反應。

心理「易受傷者」的生存模式若沒有調整及改變，就很可能會在不同的環境中，製造出相似的關係情境；也就是說，易受傷者所在的環境，可能都會產生或出現「壓迫者」「虐待者」及「加害者」，如此，「易受傷者」的生存模式才能繼續運作、繼續強化自己的無助與恐懼，也強化了他人不眞實的威力和影響力。

我們的心當然會有受傷的可能，舉凡失落及悲傷的發生，或是遭受拒絕或挫折時。但若你內在有足夠的力量及有效的心理功能，那麼內心受傷時，你也會試著發揮能力照護自己，讓受內傷的自己減少再受傷與惡化的可能，並且協助自己安穩內在狀態，試著健康起來、康復起來。

可是，若屬於心理「易受傷者」，則容易沉浸在自憐和怪罪的漩渦裡。不停反覆指責他人負心與傷害的同時，眞正重複和反芻的，其實是自己受傷的情節，與無辜、無助的情緒感受。這麼一來，很有可能以偏頗及固著的二分法區隔這個世界，簡易地分別出善與惡、對與錯，及好人與壞人的對立位置。

如此極端又簡易地畫分人我關係之間的標籤，對於成人世界裡的關係互動與溝通、交流與合作來說，是極爲不利的，可說是因爲內在心理功能方面，缺乏了彈性調整及整合功能，所造成的反覆性人際受挫和情緒傷害。

童年的經驗，是情感內傷模式的來源

在我們還很小的時候，並沒有篩選能力去選擇什麼話要接收，什麼話不要接收。倘若所生活的原生家庭，習以負面責備和批評、威脅及恐嚇，來做爲教養的方式，那麼對身爲小孩的我們來說，這些負面否定的語言，就會毫不過濾地被我們儲存在大腦裡，成爲我們的「我是……」，這樣的自我觀感，也就會偏向負面、糟糕和自卑。

特別是，孩子是以感受和感覺來體會世界是什麼樣貌的。在孩子感受到的環境中，如果大人釋放的表情和姿態，是對孩子的厭煩和拒絕，那麼孩子便會收下這些情緒，用來排斥並厭惡自己；同時，他也會感受到這是個對他不友善，也不喜愛他的世界，對自己的存在感到惶惶不安。

可是，這是偏頗的。孩子的世界其實很小，就只有他原生家庭裡的成員而已。儘管這些家庭成員並不等於全世界，但對於一個小小孩來說，家就是他的全世界，父母就是他唯一的至親依靠。因爲這樣，在早年的生活經驗中，如果家庭環境讓孩子感受到威脅、不安全、恐懼和強烈的情緒起伏，孩子單單應付自己內在的情緒壓力就夠不容易了，更難有心力隨著成長過程探索與學習發現自己、認識自己。

所以，從小生活在批評及指責環境中，並因此情緒不安穩的孩子，也會存在自尊不穩定和自我認同混亂的問題。他不知道如何存在於環境，才是安全的；他不知道如何表達自己，才是被接受的；他也不知道自己的想法和感受，是不是可以安然存在，會不會一有什麼感覺，就要遭受強烈的批評和責備？

這樣的孩子，大部分的氣力都會放在在乎外界的反應和他人的情緒，小心敏感地偵測環境的危險訊號（他人的負面否定訊息）；同時也很怕表達、很擔心表現出自己，怕一表現出來，萬一有個閃失或出錯，就會招來強大的災難和強烈的批評。

如此之下，個體對「自己」就更難去探索和發現，於是成了對自己很不了解的人；即使長大後，也不敢接觸自己，更別說深入地認識自己的獨特性、眞正認識自己。不僅沒有自己的觀點和想法、說不清自己的情緒感受，自己和他人的表現若有不同，就會自動認爲一定是自己的問題，或是自己有毛病、是怪胎。

孩童式求生自保本能

這種無法消除的負面感覺，無論個體怎麼因應、怎麼努力地生存，仍會在內心深處感覺混亂和痛苦的情緒纏繞著自己。

那些痛苦的感覺，正是來自內在難以安撫和安頓的複雜情緒。那些情緒的引發，有太多是肇因於早年的遭遇和經驗；即使記憶已沖淡許多，但情緒的引發卻不用太費力，幾乎可以說：只要引爆點出現，就能爆炸開來，擾亂人的心智，讓一個人的理智斷線，全面性地被鋪天蓋地而來的情緒覆蓋、淹滅。

在這樣恐怖的時刻，幼年的我們，通常會發展出自己的一套求生本能，來執行自我保護策略。但這些激發出來的方法，並不是眞正能照顧自己情緒的方法，只是在受到外在刺激與不安全情境的威脅下，立即反射出來的求生能力。特別是當威脅者和攻擊者是父母親時，我們要和如此強大的生存威脅者對抗，就只能用孩子所能做到的行爲，去面對那些充滿威脅及不安的當下，試著因應並存活下來。

舉凡：討好、順應、麻木、隔離、表面化、報復攻擊（例如回嘴和消極抵抗）、自貶自責、自傷，都是爲了終止父母親或照顧者的威脅和攻擊。長時間下來，我們變得離自己的眞實感受越來越疏遠，卻對關係裡的求生自保策略越來越擅長。

只是不論對求生自保策略怎麼擅長，並不表示你能安頓內在糾結痛苦的情緒，特別是連自己也不斷重複做出的，正是如爸爸或媽媽所言所行一般，對自己強加批評、排斥、訓誡、控制及責備時，你的內在幾乎無所遁逃地受到自己的摧殘和襲擊。

也許長大後，能逃得了爸爸、媽媽的掌控，能拉開受父母親影響程度的關係距離，但怎麼也逃不出自己心中的牢籠、自我折磨的地獄，重複地對自己無情及殘酷、虐待及忽視。

以下我以十種常見的人際痛症（實際生活中，痛症不僅十種），以及會造成反覆內傷的模式，提供給你更多的意識和覺察，好洞悉自己的習慣因應模式和人際痛症之間的關連。

全然接收外界的負面評價，無意識地批評及否定自己

玉玲，生活在一個幾乎不說什麼正面肯定話語的家庭，從有記憶以來，她就覺得自己做什麼都不對。媽媽總是說她不會看臉色、反應遲鈍；爸爸總是說她長得不好看，像是垃圾堆撿回來的。

玉玲有一個姊姊，不僅人聰明、相貌漂亮，還總是知道怎麼說話討大人開心。玉玲總是覺得不公平，好像所有的好，都生在姊姊身上了，而自己卻一點好都沒有。

玉玲心理上覺得自己不如姊姊優秀的痛苦，不只在家如此，連到了學校，老師們也總是將兩人放在一起比較，頻頻對玉玲說：「那個王玉琪是你姊姊吧？妳們怎麼能

差那麼多啊？妳姊姊很優秀啊，妳知道吧？妳再不多努力一點，以後就完蛋了！」

玉玲每每聽到老師們將姊姊的名字提出來，就只能把頭越縮越低，好想把自己藏起來，別有辱姊姊的名字。但是，心裡又覺得好難過，為什麼自己被說得這麼差？難道自己真的完全沒有好的地方？

對玉玲而言，既不知道心裡的不服氣該向誰說，也不知道該怎麼幫自己平反。她忍不住跟媽媽抗議，覺得沒有一個人喜歡她、肯定她。沒想到媽媽給她的回答是：「妳以為妳是誰，還要別人對妳說好聽話啊？妳要是真的優秀，難道別人會看不出來？」

媽媽這句回答，簡直成了永遠無法被推翻的真理似的，讓玉玲覺得自己真的很糟糕、很差勁，別人對自己的指指點點也都是真的，都是因為自己不夠優秀，否則也不會被人說閒話。

而這個影響，彷彿將玉玲大腦篩選資訊的功能去除，只要是有關對她的評論和看法，特別是偏向負面的，玉玲都會牢牢記住，毫不考慮，無法過濾那些批評對自己究竟是有益的，還是無益的。當然，玉玲也無法從中更加體會與了解到，別人對她的那些評論和看法，其目的和動機究竟是什麼。

因此，從玉玲的求學過程，再到求職生涯，她所記得的，大多是別人對她說過的負面評語，像是「妳怎麼那麼笨？」「妳會不會用腦？」「妳能力真差」「妳大概沒什麼前途了」……

玉玲心裡還是會出現那種不服氣的感覺，但只能內傷在心中；她也覺得自己沒有什麼好反駁的，連自己都覺得自己很笨、能力很差，對自己也充滿懷疑。每當別人數落她一句，玉玲就會在心裡用千萬倍的力道，不斷羞辱及謾罵自己，就因為自己這麼丟臉、這麼沒用，才會讓人有機會看輕自己、批評自己。

可想而知，玉玲在生活中及人際互動中，只要聽到別人的一句負面評語，無論是有意還是無意，玉玲都會放大這句話，彷彿這句話是巨大的岩塊從天而降，把她打趴在地，動彈不得；也像是黑色的泥沼，拖住她，讓她不斷往下沉，讓她喘不過氣。

久而久之，玉玲變得害怕跟人互動，也怕與人接觸。她心想：自己只要站在人前，就會被看到很可笑、很糟糕的地方，就算一時之間沒有被看穿，只要開口說話，有了些許相處的機會，別人就會開始厭惡她，覺得她真是一無是處的人。

漸漸的，玉玲不再需要旁人出言批評，她的內心就是一個充滿批評的空間。而她對自己的批評中，不僅時常出現過去那些難聽的話語，甚至還加上對自己的厭惡和怨恨，覺得自己怎麼可以那麼失敗和沒用，終日活在陰鬱及自我挫敗的沮喪情緒裡。

從小到大，我們就像玉玲一樣，避免不了被評價、被貼標籤的過程。從很小開始，我們就受到這些人際回饋的影響，不僅從中認識自己，也從這些看法和評論裡，辨識出哪些是自己認同的「我」，哪些則不是。

如果環境中，總是出現對你大肆批評和攻擊的言語，那麼，你可能會在不知不覺中，開始形成對自己的負面觀感，也可能有非常多疑惑，像是：弄不清楚自己究竟是什麼樣子？自己眞的像別人說的那樣，是這麼糟糕、這麼差勁的人嗎？怎麼別人說得那麼斬釘截鐵，好像他比你更知道自己的眞實模樣？

在那些被數落、被批評的日子裡，你可能常搞不清楚，究竟要怎麼做，才不會被人說話？才不會遭人非議？所以，你總要自己小心謹愼，把自己弄得緊張兮兮。即使事情過去了，仍要反覆檢視，就怕哪個環節沒注意到，就會又惹到哪個人，對你多加指正和批判。

這種日子，你肯定過得不輕鬆，人累心更累。你總是不懂，爲什麼會那麼害怕別人的三言兩語，也那麼在乎這些負面的批評，好像只要一有負面聲音出現，你整個人就像根本不該活在這世界上似的。

你從來沒有思考過，那些大肆批評、數落你的人，其實根本不是在對你說話，而是在發洩他們自己的情緒，找一個代罪羔羊出氣。表面上，是用批評來指正你，還會說「都是爲你好」「給你改正的機會」，但事實上，話語的內容根本沒有建設性，徒然踐踏你的自尊，爲的只是維護和鞏固他的自我優越地位，或平衡他失控焦慮的內在。

可是年幼的你不懂人心的詭詐和不誠實，認定了必然是自己不夠好、很糟糕，才惹得他人非得這樣批評你、數落你、訓斥你。

事實上，在華人的社會中，我們人際溝通和互動的能力往往不足，無法確切知道如何處理不同和差異，也無法了解如何與別人形成共識。當覺得別人怎麼不如自己預期、不符合自己的期待時，我們並不是設法溝通或協調，也不是了解問題眞正的關鍵所在，而是劈頭就用一句指責或怪罪，把別人否定了、貶低了。至於先入爲主的觀念，更是在不同的關係裡作祟，以自己的既定成見，斷定他人的狀態。

若是再加上斥責及吼罵，那麼被無同理心與關懷心對待的個體，就猶如屠夫刀下的生命，只能任其宰制。

爲什麼華人社會中，總是充斥著批評及謾罵呢？無論在家人、伴侶或親子，再到職場同事之間都是如此？

不管在家庭或求學過程，乃至到職場，我們其實沒有什麼好的經驗，讓自己知道在關係裡好好溝通是什麼樣子；也無法得知如何與他人進行「聚焦的對話」，所以，在很多人際互動的情況中，大多以壓抑和忍耐因應，然後，渾然不覺地囤積了許多不舒服及糟糕的感受，到了忍無可忍時——就像是垃圾箱塞滿了亂七八糟的雜物，再也塞不下了——就以抱怨或謾罵的方式，消除自己的內在壓力和情緒痛苦。

在這種情況下，有一種很糟的情況會發生，那就是：遭人胡亂發洩壓力的個體，在關係裡往往是被視爲「弱勢」的對象，從某個方面來看，也就是讓人感覺「安全」的對象；不會反擊、不會抗議、不會引發後續麻煩、不會很難收拾……而這樣的對象，最容易是孩子，或是下屬。

因爲無懼於弱勢對象的反應，於是，批評和謾罵總是不可收拾地上演，甚至形成「只要看到這個人，就毫不猶豫開啓批評和謾罵模式」。

可想而知，如果被人拿來發洩情緒和任意謾罵批判的個體，是個小孩的話，他肯定弄不清楚狀況，無法辨識：究竟是自己眞的太糟，還是那個人的情緒管控太糟？究竟是自己眞的欠罵，還是那個人只會用罵的方式說話？

當我們的生命，從來沒有機會停下來辨識及思考「爲什麼外界的那些人，要那樣說話？」「爲什麼他們這樣說我，我就一定是他們口中說的那樣呢？」時，毫無疑問的，你會毫不考慮地將外界對你的負面評價接收進來，並且無意識地拿那些別人的評價和批評，來責備和否定自己。

當我們已成長到成人的階段、心智年齡應該成熟的情況下，沒有誰應該再被視爲小孩一樣，始終被叨念和責備。即使是一個孩子，這樣的教養方式，也不會讓孩子學會思考、練習自己面對和解決問題，反而會造成孩子行爲退縮和消極的後果。

若是只會以批評和謾罵的方式對待別人與對待自己，這樣的人，換句話說，就只會這種說話方式，沒有其他與人溝通的技巧了；既不會引導，也無法聆聽和回應，只有主觀的評價和批判，這樣根本是個不會溝通的人。

如果你也受幼年經驗的影響，長期被灌輸許多對你的批評和否定、吸收了許多人對你的宣洩和謾罵，那麼你要知道，你所形成的內在模式，會讓自己反覆處於受傷狀態中。這不僅會在大腦留下不可抹滅的創傷，還會讓你往後不斷地、沒有選擇性地一直記取那些不堪入耳的批評和辱罵，並且放大那些人所說的評價和看法，那是你曾經最感到受挫、受傷的情境，卻不知道怎麼終止它，也不知道怎麼遠離它。你以爲，只要批評和辱罵出現了，就要小心翼翼地聆聽，好修正自己的錯誤、改善自己的行爲或問題。

但是，我要告訴你，不是的，一個眞心要讓你提升及進步的人，會用你眞的能吸收、消化的方式，引導並協助你學習與成長，而不是毫不顧慮你的感受及想法，任意批評謾罵。如果，你發現強迫自己接受的那些批判和辱罵，讓你心理能量更低落、內在更灰心喪志、萌生退縮及消極的反應，那麼，請覺察：你的內在模式，是否正讓無意識的批評和否定攻擊你自己呢？

如果你正在無意識「有樣學樣」地攻擊自己，請先為自己設下一道安全防護網，就像不要讓霧霾侵害我們的呼吸道一樣，你也有權利不要讓毒言毒語入侵你的腦細胞。

越來越多大腦科學研究顯示，謾罵及言語攻擊（包括羞辱、譏諷、嘲笑、批評）的高壓情境，對人類大腦發展會造成阻礙，不僅使人深受內在混亂情緒折磨，也會造成自我（self）發展的缺失；嚴重者，甚至會造成不可逆回的腦傷，終生處於「受傷的小孩」狀態下，無法具備社會面及心理面的完整發展能力。

若你開始覺察到過往早年經驗中，那些批評和謾罵、羞辱和否定，對你產生的影響與干擾，那麼請你務必開始施行「防護計畫」，讓自己的內在空間，不再習慣性地記錄和播放那些負面的、傷害你的語言和詞彙。請為自己內在建立一個隔離的保護區（心理空間），不讓侵害一下子就進入，也能保護好你的生命核心。

害怕被討厭及拒絕的感覺，受恐懼和焦慮感脅迫

青蓉生長在一個手足眾多的家庭，上面有三個姊姊、一個哥哥，在她之後，還有一個弟弟和一個妹妹。在多手足的家庭環境中長大，青蓉看見的父母，總是忙碌的、辛苦的，不是為了孩子們的生活費及學費四處奔波，就是為了讓這個家可以持續運轉而忙得不可開交。

青蓉在這個家的排行居於中間，不像三位姊姊一樣，總是常膩在一起東聊西聊，也不像哥哥一樣得天獨厚——家中的資源，父母幾乎都先考慮提供給他。在弟弟和妹妹相繼出生後，青蓉感覺到自己在家中的存在感，更是變得可有可無。

在她的記憶中，大約是八歲的時候，有一回，因為節日的關係，全家難得到外面餐廳用餐。用餐快完畢時，她跟身旁的二姊說想上廁所。二姊打發她自己去，她便告訴二姊：「那要等我喔！」二姊點點頭說：「快去快去。」但沒想到，雖然她已經用最快的速度上完廁所，但從廁所回來時，卻看見原本坐著全家人的那一桌竟然是空的，她到處東張西望，卻發現整個餐廳不見任何一位家人。

她嚇得哭起來，慌張的她不相信家人竟然就這樣走了，沒有等她回到位置。她哭得聲淚俱下，餐廳的服務員趕忙前來，問她：「小妹妹，妳的家人呢？」她更慌了，不知道怎麼說出口——她的家人竟然忘了她？

後來大姊雖然跑回來找她，但大姊反而問她：「妳跑去哪裡了？不知道我們要回家了嗎？」

這讓青蓉更加委屈，覺得自己被誤解。去廁所前，她明明還跟二姊說過，但為什麼大家要離開時，二姊卻什麼都沒說？為什麼全家要離開時，沒有發現她不在座位上？

和家人重聚後，青蓉質問二姊：「為什麼妳沒有幫我跟大家說，我在廁所，等我一下？」

二姊用很不在乎的口氣回答青蓉：「妳上那麼久，難道我還要一直注意妳嗎？這樣嚇嚇妳也好，看妳以後還敢不敢那麼會拖拉。」

青蓉一聽，一時間不知道要說些什麼。是自己太會拖時間？還是自己惹人厭？還是自己對大家來說根本就是麻煩？她弄不懂這些感覺，只知道自己像是驚呆了，而且第一次很清楚地感覺到，自己在家裡原來這麼不重要。

爾後的青蓉，一直害怕那種自己被遺忘、被嫌棄的感覺，心中總有種說不出的苦澀，好像如果自己不被別人喜歡、不讓別人滿意，就會遭到排斥、被拒絕。即使後來上了國中、高中或大學，甚至出社會工作，青蓉在團體及組織裡，都會小心謹慎地觀察這個團體想要什麼樣的人、該有什麼樣的表現，就算是扮演或勉強，青蓉都會盡力去做到。她心中常這樣想：只要別再出現被拒絕和排擠的感覺就好……

像青蓉這樣極度害怕被拒絕、被討厭的人，在早年的家庭環境生活中，不僅沒有感受過接納和歡迎，相反的，還有許多經驗是遭遇到排斥和拒絕。這種「排拒之傷」

的型態非常多，比如被家人說「你為什麼要存在？」「有你很麻煩」「你是個累贅」「如果你要這樣，就不要待在這個家」「我不要你這個孩子」等等。

害怕被拒絕、被討厭，也可說是在早年生命經驗中，經歷了非常頻繁的恐嚇及威脅，反應出對人際關係的極度不安全感、恐懼感，彷彿生命可以任意遭到遺棄、傷害或剔除。

因此，這些尤其在童年時，所遭受的恐嚇和威脅經驗，就成了內心一顆時時滴答作響的未爆彈，深怕一個不小心、一個不注意，就會被炸彈炸得粉身碎骨。

我們童年的情緒創傷，因為凝結成難以處理的陰影與癥結，於是，在我們的大腦產生一種非常迅速的求生反應，也就是個體自動化的保護機制。因為想避免過去慘遭情緒痛苦的情境再度發生，於是我們會快速做出反應，避免再度被傷害——像是被排除、被拒絕、被討厭或被羞辱等等。

這種屬於童年的傷痛經驗，成了我們往後求生存時，必須嚴加避免和防範的反應機制；然而，這一點卻也在我們內心埋下了深層的情緒地雷，只要情境很相似，炸彈就會瞬間引爆。許多時候，由於我們害怕情緒炸彈會被引爆，便只能鎖定狹隘的手法，執意要自己必須怎麼做、怎麼反應，才能避免禍害災難再度發生。

幼年需要仰賴他人而活的生命狀態，讓我們認爲必須「確保別人的愛存在」，才能證明自己值得被愛，才能好好存活。這種信條，讓我們習慣性（制約）從他人的反應來臆測自己是否有資格被愛、是否安全無虞，同時又焦慮地擔心害怕失去他們的愛和關注。

記得我曾受圓神出版事業的邀請，和暢銷書《被討厭的勇氣》作者——岸見一郎及古賀史健兩位老師同臺座談。岸見一郎老師開頭的第一句話，就是以非常同理的態度，告訴與會者，其實他也很怕「被討厭」。他的這一句自我揭露，引來大家的會心一笑。但其實，岸見一郎老師所說出的，其實正是活在「必須追求他人滿意及喜歡」的社會中，人們心中最深的恐懼及不安。

對於易受傷者而言，害怕被拒絕、被討厭的感覺，幾乎是內心難以停止的恐慌。總是小心翼翼地偵察：環境中有沒有人正在討厭我？正在表現出對我的拒絕？還是正在告訴我，我不屬於他們？

拒絕和討厭，所產生的關係斷裂感與遭排除感，讓內心受傷者感到十足威脅，彷佛不被允許存在，或是自己的生命沒有任何值得被喜愛、被接受的價值。

這種對「被拒絕」「被討厭」所引發出來的痛苦感受，其實是對自身生命存在價值的懷疑，以及深層的自我否定。若不是先對自己的存在感到懷疑及排斥，又豈會那麼在乎和關注他人是否喜愛、接受自己？

我們也可以這麼說，一個人越害怕被拒絕與被討厭，越是投射出他內在對自己的抗拒和排斥。同時間，又顯示了他內心有多渴望融入關係、多期待被視為「一份子」「自己人」的心願。

有這種情況的人，早年生命經驗中不乏遭受驚嚇及恐懼的經驗，要不是被恐嚇會面臨排除或遺棄，要不就是被他人的厭惡深深傷害過，而驚懼不已。

曾遭遇這種人際拒絕的傷痛、害怕被厭惡的人，因為深受其苦其痛，所以他們會壓抑自己，不去排除或厭惡別人，盡一切可能，表現出對別人好、喜歡別人的樣子。表面上，他們會說不忍心將自己受過的苦加諸在別人身上；但實際上，他們以此與別人產生連結，以一種討好和偏執的友善，避免再度遭遇分離或關係切割。

因為他們刻意去保持友好的態度，大方或看似無私地為別人付出，以致更容易凸顯出別人並沒有如自己這般盡心盡力、無私友好。當他們努力付出及極力表現友好的對象，有了屬於自己的想法、計畫或目的，卻沒有分享或進行共同規畫時，害怕被排擠和討厭的個體，內心最恐懼的感受就會被引發出來：覺得自己被拒絕、被排斥、被遺棄、被切割。

自我發展不佳、無法完整獨立的人，在心理上都有無法和其他人分化開來的傾向，也就是無法讓自己維持爲一個獨立的個體，而是傾向於在這世上找到一個心理上的連體嬰——自始至終都不分開、共用一個身體，且無論如何，都有同樣的行動、同樣的意念，這能讓無助又弱小的自己，覺得似乎變強大了。

但這其實不是自己變得強大，而是靠著和另一個人（或一群人）的共融共存，讓自己依附寄生，感覺自己不再渺小、不再失去存在感。

於是，在人際關係中害怕被討厭和拒絕的人，受自己擔心被排除的情緒脅迫，無法發展成自我完整獨立的個體，便更加恐懼自己在人際關係中，因爲和別人不同所造成的斷裂及撕裂感，不斷處於焦慮和不安之中。

要終結這種反覆在人際關係裡，害怕被拒絕或被討厭的內傷模式，就需要好好地發展自我的完整性與獨立性。當你相信自己能夠獨立完成自己的目標或渴望，也能給予自己最穩固的情緒支持時，你才可能相信，自己不是非得拜託別人或仰賴關係不可。

缺乏自信，是小時候遭受排斥及拒絕的後遺症；恐懼被人討厭的情緒，則是一種不想再被排擠和切割的內在呼救。但如果這樣的情感內傷模式，只是讓你不停循環於恐懼與討好之間，那麼你便是錯誤接收「情緒」給你的訊息了。

「情緒」要你為自己找到安全感。請試想：即使有人會離開你，或是斷絕和你的關係，你也能讓自己獲得安全感、讓自我得以成長的方式會是什麼？

所謂「被討厭的勇氣」，正是來自你對自己無條件的支持，不單憑外界的眼光或動作，就毫無意識地立馬和別人聯手攻擊及排斥自己。你對自己的接受和喜愛有多少，就會給你多少力量鍛鍊獨立，並接受他人有「自己人生」的選擇和需求。即使他不和你同行、不與你共依存，也不表示你會完蛋、不被允許好好存在。你需要積極成全為自己取得完整的生長空間，而不是制約般地受恐懼及焦慮折磨，無意識歧視自己、弱化自己。

情感內傷模式3

習慣怪罪自己，內心充滿氾濫成災的罪惡感

鳳玉是家中的大姊，從她稍有記憶以來，大約四、五歲開始，她就被父母交代，必須做妹妹和弟弟的榜樣。

父母並沒有考慮到她仍然是個孩子，而是以一種「長女就理所當然要負起照顧和教導弟妹的責任」來要求著鳳玉。不知道是誰開始的，只要鳳玉的妹妹或弟弟犯錯、不守規矩，鳳玉就會被父親或母親強烈地責備和懲罰。不論是罰站、罰跪、挨板子，或是挨巴掌，鳳玉都不可以抗議或拒絕，更不可以有大哭或憤怒的表現，否則就會被打到她所有的情緒反應都停止才罷休。

鳳玉記得，爸爸常一邊懲罰，一邊對她說：「弟弟妹妹犯錯就是妳的錯，他們還不懂事，是妳不會教，當然是妳該受罰。」

她也記得，媽媽一面責備她，一面對她說：「只有打妳、罵妳給妹妹和弟弟看，他們才會知道後果，才會因為妳挨打了，而不敢不守規矩，知道要害怕。」

雖然，每次鳳玉聽到爸爸媽媽這樣說，總是覺得非常疑惑；因為她不明白，為什麼弟弟妹妹犯錯，最後都成了她的錯？

雖然，隨著年紀增長，鳳玉心裡對父母這些行為的不以為然慢慢增加，心中也會因埋怨父母的做法而產生憤怒及委屈，但鳳玉怎麼也想不到，在這樣的教養與對待下，她自己竟一點一滴地內化了父母的標準及要求，模糊了關係的責任歸屬，也弄不清每個人都需要為自己的行為和人生負責。長大後，處於人際關係中的鳳玉，只要聽到或看到別人的問題，便彷佛有種無法抗拒的反應，心中不斷產生「都是我的問題，是我不好」的念頭。於是，她會無意識地去努力解決或處理那些「別人」的事，好讓「別人」沒事。

至於別人不開心或有負面情緒時，她也會不由自主地直接認為，這一切都是她造成的，或是因為她得罪了別人，所以自己必須趕快想辦法彌補錯誤、趕緊做什麼去討好，好讓對方開心，不再生氣。

鳳玉的理智知道，她無法事事讓別人滿意和開心，但在情感上，她無法為自己和別人的關係劃出界線，把別人的問題還給別人，把別人的情緒還給別人。她的腦海裡，常浮現爸爸生氣的面容和媽媽責備的眼神與口氣，彷彿他們的生活不順利、心情不美麗，全都是她害的，都是她的錯。

鳳玉很想從這種感覺和心理的痛苦中解脫。她覺得自己的生命總是必須背負愧疚感，或是一旦有任何來自家人或重要關係的衝突及抱怨，鳳玉的內心第一時間就會立刻湧現罪惡感，以羞愧及內疚來嚴厲地怪罪自己，認定自己既可惡，又多麼令人失望。

關於內心的罪惡感，她從來沒有好好思考這究竟是如何產生的？合理嗎？有功能嗎？除了反覆怪罪及歸咎於自己外，對於問題的本身，以及各自責任的歸屬有任何幫助嗎？有效益嗎？還是只重現了父母對自己的懲罰？複製了父母的評論和加諸在自己身上的不合理要求？又是為什麼，對於所面對的種種不平和不合理，自己竟是那麼不關心、不在乎？

我們一路成長過來，極有可能完全不曾覺察，我們究竟受了原生家庭及父母多少影響及制約？我們可能像鳳玉一樣，非常習慣以大人們的觀點及情緒反應，來看待自己；當他們說我們是可惡的、糟糕的、罪惡的、汙穢的，或是錯誤的時候，我們是否曾停下來好好思考：他們究竟爲何要這麼對待自己的兒女？爲何他們的言行舉止充塞著對我們的歸咎和怪罪，而不是引導及陪伴？

其中有非常大的原因，在於父母親其實也在重演他們童年遭受對待的方式，同時也在我們身上複製了這些模式。我們無法反思及覺察究竟自己在做什麼、在成爲什麼樣的父母，而是順理成章地將過去經歷過的、看過的父母教養方式和規矩，在毫不考慮適當性及合理性的情況下，就這樣照著過去的版本繼續沿用。

他們找到一個猶如代罪羔羊的孩子，把過去背負罪惡感所遭遇的痛苦和煎熬，重演、發洩在這個孩子身上，以獲得權力位階的平衡及補償。

這就是「怪罪」最可怕的地方。在怪罪中長大的人，可能會在無意識中，找另一個無辜者做爲怪罪的對象，好讓自己可以卸下這個「罪惡身分」。但若是無法找到可當代罪羔羊的人，就會像鳳玉一樣，在不同的人際關係中，莫名且反覆地背負罪惡感，也莫名地被自己的罪惡感支配，以致無法活得輕鬆自由，總是以帶罪之身般的姿態活在世界上，小心翼翼地審視自己：是否又造成誰的不悅和責備？

在華人社會中，有許多人在人際關係裡的反應之一，就是不自覺地泛起罪惡感，只要感覺到環境或他人有不高興、不開心的反應，就認爲都是自己造成的；換言之，都是自己「害」的。於是，心中總是有不同的罪惡感連番上陣，指控個體的虧欠和罪惡，讓個體處在羞愧及罪咎的痛苦中。

然而，這些罪惡感的產生因素中，有非常大的一部分，來自於童年時期被家庭塑造和制約，所形成的自動化情緒及認知反應；也就是在非常年幼無知的時候，就遭到家庭以強烈的道德或倫理理由加以批判，要求個體必須符合家人的期待及標準，否則就是「罪惡者」及「羞恥者」。

也許很多人都曾歷經父母親的羞辱、批評、責備、吼罵、哀嘆和甩巴掌，但身爲孩子的我們，深信父母親之所以做出這些攻擊和傷害行爲，全都是自己害的，都是自己的錯；換句話說，就是不認爲父母的行爲乃出於他們的意識和選擇，要不是自己有錯和不乖，父母也不會做出這些情非得已的舉動。

只要孩子失去理智地認定，都是自己「害」父母做出那些無愛行爲，並深感內疚及羞恥，就不可能去挑戰或反駁這些行爲，也就無法爲自己捍衛生存安全的權益。

因童年時期的制約及塑造所引起的自動化罪惡感反應，其實並沒有具體的犯罪事實，而是經由父母的教養方式和給予的道德倫理標準內化而成，用來當做評判自己的準則及要求。若沒有符合父母長輩的規範及期望，就會覺得自己是「不好的」「罪惡的」「犯錯的」，並引發罪惡感，做爲自我懲罰或責備。漸漸的，引伸到外在環境中，只要別人露出不滿意的表情或不高興的反應，就會不自覺地產生罪惡感，覺得自己應背負罪咎。

這其實是一種內在的錯誤信念設定，所產生的自我懲罰。

同時，無犯罪事實的罪惡感，則是一種無實質補償功能的非理性神經質罪惡感。

時常提取「罪惡感」的人，大多來自早期的人際受挫經驗——通常偏向兒童時期，想依賴父母，同時又感受到與雙親在相處上的衝突和痛苦心理，於是，必須合理化父母對自己的攻擊或敵意行為。在父母的責備和怪罪中，為了依賴父母以獲得存活，個體必須被他們的態度和言行同化，認同自己是「罪惡者」和「錯誤者」，若要在這個家庭存活，就必須以贖罪的方式獲取父母的原諒及接受。

若童年時期累積了大量的這般生活經驗，漸漸的，個體便不再需要透過具體事件引發，就能在心理上（大腦）不斷提取出罪惡感，來因應日常生活的大小事。甚至以「罪惡感」做為責備自己是好是壞的依據來源，卻未必對實際事件有任何的處理及面對。

例如，看見身邊的人臉色不悅，就認定是自己的錯，或自己造成的，而在心中湧現罪惡感，覺得自己如此惡劣，並感到內疚。但實際上，卻無法去深究或詢問，甚至進一步展開對話與關懷。這種罪惡感的用處，只能拿來評判自己的錯誤，卻無實質了解情況或解決問題的功能。

如果，這種罪惡感無法藉由現實情況加以釐清，也無法辨識清楚所謂的道德和倫理上的指責或怪罪，並不能視為真正的罪行，而只是一種價值觀、信念或理念的衝突，以及立場的差異，且毋須遭受他人的道德論斷或綁架、以他人的信念及價值觀來無限上綱要求自己。相反的，是要充分思考自己的想法，了解如何去因應現實生活的差異和立場上的衝突。

若只是一味以罪惡感來審判，焦慮自己是否爲犯錯的、不完美的、不道德的、失誤的，那麼，除了始終以高標準和高理想來要求自己完美無瑕外，更重要的是，我們將難以透過客觀的角度、理智和態度，來面對各種人際衝突和生活中各項責任的歸屬。

對自己來說，那就像是閉鎖在沒有終結的心理無期徒刑中，成爲帶「罪」之身，不僅失去生命的自主和自由，還要無條件地進行根本沒有事實根據的補償，又哪有時間爲自己生命的喜樂和想望，眞正地付出全力呢？

請解放自己，放下用牢籠管控自己、剝奪自由的習慣。氾濫的罪惡感，是你想證明自己及格與夠好的焦慮模式，卻不該用來做為合理化自我剝奪和懲罰的理由。任何罪罰都該有憑有據，而不是單以誰的主觀價值判斷與好惡，就拿來斷定誰該受罰。你需要理智及冷靜的頭腦，讓自己的思路有所明辨，才能化解這種無意識氾濫成災的神經質罪惡感，才能還給自己真正為自己選擇的權利。

情感內傷模式4

受到他人的排斥和羞辱，對自己徹底感到厭惡及反感

安輝是家中的第三個兒子。他聽媽媽說過，生了兩個兒子後，媽媽其實是想要女兒的，總覺得有個女兒來陪陪她，才不會那麼孤單，沒想到，還是生出了兒子，自己還是無法從「住在男生宿舍」裡解脫，變得輕鬆點。

不曉得是不是因為從小就聽到媽媽這樣說，安輝有意無意地覺得自己不喜歡太粗魯的行為，不僅不喜歡和哥哥們一樣打來打去，也不喜歡户外活動。他從小就是個看來文靜的孩子，肢體動作也不太靈活。

有時候哥哥們捉弄他，會故意叫他「小妹」，或是嘲諷他不像個男孩，渾身都是

女孩味。有時開玩笑開得過頭，還會吆喝一些玩伴去摸他的私密處，笑著大喊：「這裡有沒有長大啊？」

對安輝來說，哥哥們是恐怖的怪獸，書裡說的「兄友弟恭」根本是騙人的。沒想到，進入青春期後，安輝的體格並沒變得高大壯碩，第二性徵的發育，也沒讓他的外表有太大的變化，還是如童年時期般清秀。這下子，連媽媽都無法接受地說：「你長得太弱小了，怎麼沒像哥哥一樣？至少要開始有點男人味嘛。」

青少年的世界是可怕殘酷的。對一個男孩來說，安輝不只受到家庭的歧視和羞辱，在班上也會遭到一些粗魯、無法控制暴戾習氣的男同學攻擊。處在猶如地獄的環境中，安輝無法阻止那些他所厭惡的事情發生。漸漸的，那種無奈和無力感，開始在他心中出現難以抑制的自我排斥和厭惡。

那種自我排斥和厭惡，就像從體內散播開來的病毒一樣，讓他裡裡外外都無法克制地討厭著自己。就像因自體排斥導致的過敏反應，自己強烈地攻擊自己，好似自己是必須被毀滅的對象，除非毀滅，才能寧靜和平。

他知道自己沒有勇氣終止自己的生命，索性從青少年時期開始，就以一種慢性的自我傷害不停殘害自己。對於自己的未來，他感受不到希望，總想迴避人群、把自己藏匿在某處。有時候，他會想著死亡到底是什麼滋味，還會試試用枕頭悶住自己，或用繩索勒住自己的脖子，感受一下靠近瀕死的感覺。

安輝打從心底有個念頭：自己的存在是多餘的。如果自己消失了，這個世界反而會因為少了他這個男不男、女不女的怪物，而減少了很多不舒服和困擾吧！

因著這些揮之不去的自我厭惡，還有怎麼也難以鬆綁的「自己是多餘的」信條，安輝終究敵不過找上門來的憂鬱，必須長年和它交手。憂鬱，成了他最熟悉的情緒黑洞、吸取他的生命能量，也成了他心裡隱密的、孤單的、痛苦的、不見天日的自我拘禁。

若問他為什麼要將自己關鎖在心裡？他會說：「沒有人會愛我，只會討厭我，這樣的我根本不想見到任何人。任何人看到我，都只會想嘲笑我、攻擊我，想著如何排除我，我還是不要出現比較好吧！」

「自我厭惡」的傷，其源頭可追溯至幼童時期。這種傷的形成及累積，是來自個體存在感及形象不受外界肯定，並帶著有意無意的歧視或否定。嚴重的話，還可能是對個體容貌、智力及身體的羞辱否定。

也就是說，當一個個體在人生的頭幾年，必須透過周遭人們的反應和對待，從對自己完全無知，到形成「自我觀感」，好慢慢體認及感受自己是怎樣的一個存在時，他所經驗到的，卻是周圍對他的貶抑、不屑、輕視和羞辱。

當這些貶抑、不屑、輕視和羞辱變成家常便飯、每天的日常，那麼他所型塑的自我觀感，將會以他人的貶抑、不屑、輕視和羞辱爲基底，並自然而然地接收別人常對他說的「你很討人厭」「你就是欠揍」「你是豬」「你長得眞醜」「你好髒」……等話語，認爲自己一如別人所言「我很討人厭」「我是欠揍的」「我是豬」「我長得眞醜」「我好髒」……

這些自我觀感，會漸漸影響我們的人格、態度、情感及思想，也會形成自我概念。當然，所形成的這些關於自己的一切知覺，都是扭曲、偏頗失眞的。

所謂的自我概念，是一個個體的認知架構，由態度、情感、信仰和價值觀等等組成，貫穿整個經驗和行動，並把表現出來的各種特定習慣、能力、思想、觀點等組織起來，形成自我運作系統，然後，由自己產生對自我的評價、自我感覺和自我導向。

一個人對於自己，如果不論何時，都會產生沒有自信、厭惡排斥的感覺，那麼這個個體會如何對待自己的生命呢？就像是排斥過敏源一樣，個體會把自己視爲應該驅除或消滅的排斥物，時常充滿厭惡和拒絕感，也就無從安適地生活並獲得自我成長。

「自我厭惡感」是一種現代文明的產物。隨著人類的演化，「厭惡」的原始情緒所具備的功能原本是爲了迴避、遠離及排除可能危害生命生存的「有害物」，像是：骯髒汙穢的排泄物、帶有傳染病源的害蟲、噁心的味道、腐爛的食物臭味、屍體、感染疾病的人……等等，我們在厭惡的情緒作用下，會皺起眉頭、摀住嘴巴、憋氣不呼吸，並趕緊迴避走開，好閃避會對生命產生危害的任何可能，確保我們的健康及安全。但近代的文明發展，讓人類的生存不僅和生活環境衛生、乾淨清潔息息相關，也和群體的人際互動密不可分。

現代的生活、環境的狹窄、高密度及高壓力的人際互動，讓我們起了許多「厭惡之心」，排斥接觸「人」，也恐懼面對「人」。但爲了生存，又必須獲得更多關注與資源，因此被迫與人競爭、比拼、較量權力的大小。這些與人接觸和互動的壓力難以消化，又不得不承受，在沒有什麼管道可以健康釋放壓力的情況下，每天的累積，漸漸地成爲內心無法修復的疲憊感。這些長期耗竭帶來的疲憊，會讓能量與活力難以平衡、平穩，也漸漸出現易怒、不耐煩、相互攻擊及冒犯的行爲。

在高人際衝突和充滿壓力的不愉快情境中，人的「生存安全」需求，會呈現不穩定狀態。然而這種生存的不安全感，並非來自過去人類生活所必須迴避及去除的有害物質，而是我們如今日日都要面對、要相處的「人」。

這也就是爲什麼現代人，很容易出現對某人的厭惡感、排斥感，進而做出驅離行爲或冷漠的無視反應，也越來越容易以言語（特別是網路言論）進行排斥，或企圖做出消滅對方存在的行爲；而越是覺得厭惡，想讓對方消失的言論就會越激烈。像是「仇女厭男」「厭童」「厭○○族群」等，都不乏許多非理性的觀點及言論。

但一些心理研究報告發現，有些人的內在既恐懼對別人發怒，也不以道德倫理評價他人及外在世界。原因是，他害怕被評價的感覺，卻時常以高道德、高理想或完美的標準評價自己，因此，他認爲，若自己評價並厭惡別人，必然會受到更無情更嚴苛的評價反撲，而變得無地自容，並感到更加羞愧及難堪。於是，他內心禁止自己去厭惡及排斥別人，以避免受到更大的擊潰和嚴厲懲罰。

可是，這種避免及禁止自己厭惡別人或外在世界的反應，將無法藉由「厭惡」的情緒，把一些傷害他的人或事，適時適度地排除及驅離，避免讓自己接觸。因此，在難以爲自己的生存安全感劃出適度界線距離的情況下，個體會接收到超過自己所能負荷的外界傷害及攻擊，而且還會在這種情況下，要求自己寬容、接受或忍耐。

久而久之，無法適度拒絕、排除的那些不對的遭遇（像是攻擊、誣賴、羞辱及歧視行爲）一旦發生在自己身上，便會將原本應該感到厭惡的情緒動力，轉向對付並攻擊自己；視自己爲一個失敗者、低賤者、汙穢者、差勁者，強烈地想排除自己、消除自己。

這樣的自我厭惡感要是強烈起來的話，輕者自傷，重者可能會要了自己的命。

像這樣避免攻擊與排斥別人的個體，內心其實十分孤單、空虛，因此他們無法主動排除別人，心中也還是留存著某種想被接納、被愛、被認同與肯定的渴望。他們嚴以律己，以不近人情的做法自我要求、自我苛責，內化了許多他們曾經遭遇的歧視和羞辱言語，停止不了地排斥自己和拒絕自己，並形成強烈的自我厭惡。

如果我們無法賦予自己新的眼光，重新看見並認識自己，給予自己拒絕和厭惡的權利，將那些無情與歧視的言語和觀點「排除」並「遠離」，我們就難以修復和連結與自己的新關係。同時也可以給自己一個機會了解，即使那些人表現出那麼如此厭惡你的態度和言語，即使那些人使盡全力想要排除你、拒絕你，但你不需要以他們有限與偏差的眼光看待自己，也不需要無條件相信他們，以爲他們口中說的你，眞的一無是處又糟糕失敗。

允許你信任自己，允許你支持自己，允許你接納你就是你。你有權利，爲自己收下友善及尊重的對待；也有權利，拒絕及排除那些騷擾、惡言惡語、毫無尊重及平等的羞辱與歧視任意地進入你心中，持續迫害你。

所以，要練習勇敢說「不」，拒絕並反駁那些傷害、羞辱與攻擊的語言，再度殘害你的生命；無論是身體的，還是心理的，還是靈性的。

你要相信，沒有任何一個人，有權力因為自己的偏見及價值觀使然，就被允許任意糟蹋和傷害另一個人、另一些生命。這種野蠻和殘暴的行為，不該獲得容許，也沒有任

何理由，應該被接受。

當你深知自己必須療癒內在自我厭惡的這種情感創傷時，請試著為自己找到適合的支持，除了周圍可以理解自己、接納自己的親友們，也包括可以適當提供穩定支持及諮商的心理專業助人者，這都是給予自己足夠力量的方法。不過，你需要自覺一件事：當你是一個自我厭惡的情感創傷者，你可能會不自覺地認為其他人也都厭惡你，或是認為連專業助人者也在批判你、輕視你、否定你，這是你要為自己覺察及辨識的。減少投射的想像，以及無意識移情的蔓延，才可能在你身旁開始累積正向情感的支持者。

漠視主體的存在，忽視自己真實的需求

李雯是個外表上看起來溫和、文靜的女孩，甚至給人一種脆弱的感覺，彷彿輕輕碰她一下，就可以把她推倒、捏碎。李雯說話幾乎沒有任何氣勢，幾乎可說只能聽見她的氣音。只要接觸過她的人，都會覺得她很溫和、柔順、善解人意。

別人無論說什麼、提出什麼意見，李雯最常回應的話就是：「好。」若要再多一點，可能就是：「嗯嗯……好啊！」

因為這個緣故，別人和李雯互動時，沒有辦法聽到她更多的意見或想法，只能自顧自地安排或決定一些事情。但即使如此，李雯看起來也沒有不悅，或說出什麼意見。

久而久之，在人際關係中，李雯似乎成為一個不需要被尊重，也不需要徵詢意願的人，只要別人有什麼需要，都可以任意命令或指揮她去做；許多時候，那些人甚至有種理所當然的態度，覺得「反正李雯就應該去做」。

李雯其實不是不介意。很多時候，即使聽了不舒服，但她也要刻意壓抑自己的反應、隱藏自己的情緒。她常勸自己「吃虧就是占便宜」「不要讓別人失望，我應該要做」，或是「被人家需要，是一種肯定」。李雯從未思考過，這些告訴自己應當如何待人接物的念頭是從哪裡來的，她總覺得「做人就該這樣」，甚至會想：「大家不該都是這樣嗎？」

事實上，李雯這些處世為人的反應，早已成為一種模式，也是她適應這個世界的方法。她以為自己必須要這樣，才能在這個世界生存；必須要做個好脾氣、好說話、好溫和的女孩，給人的印象才會好，才不會被別人討厭和傷害。

但她慢慢被自己所設定的處世為人之道所綁架，無法自如地因應現實環境的各種變化和挑戰，不論所面對的究竟是什麼樣的人，她都沒有辦法調整或改變自己應對的方式和互動模式。當然，她本來以為這麼做有利於融入群體，做為在社會上生存的手段，沒想到卻成為她自己最大的框架和束縛，也成為她日漸變得焦慮煩憂的來源。

回顧李雯的童年。五歲那年，李雯成為雙胞胎弟弟們的姊姊，忽然之間，熟悉的家裡，一下子來了兩個和自己搶奪母愛關注的競爭者，這是小雯內心很大的情緒失落和痛苦。

李雯感到恐懼及不安，害怕自己被排除在外，她覺得媽媽看起來好像不再喜歡她了，也覺得媽媽幾乎把所有時間和精神，都放在照顧兩個弟弟身上；而媽媽確實也開始指揮和命令李雯幫忙看顧弟弟，或是要她要多讓弟弟一點——像是弟弟要玩什麼玩具，就多給弟弟玩；弟弟喜歡吃什麼，就不要跟弟弟搶。小雯很怕媽媽因此不再愛她，但後來發現，如果自己聽話、當媽媽的小幫手照顧好弟弟，那麼媽媽就會樂意讓她靠近，她就能和弟弟一樣擁有媽媽。可是如果她和弟弟起衝突，或對弟弟感到不高興，媽媽就會支開她，要她去旁邊，甚至說她不是一個好姊姊，愛跟弟弟們計較，羞羞臉壞脾氣。

對孩童時期的李雯來說，她需要媽媽的愛和關心，渴望媽媽還是能陪自己分享生活大小事，然而，當弟弟們出現後，媽媽就不太有耐心和精神陪伴她了。她不想失去媽媽，她想讓媽媽知道自己是個好小孩，是個好女兒、好姊姊，只要媽媽別排除她，要她做什麼都可以。就這樣，不知不覺中，她成了一個看起來沒有脾氣、沒有情緒、不會惹麻煩，且不論被要求什麼，都會去順應、滿足別人的人。

漸漸的，在成長的過程中，李雯將自己的感受剔除，覺得若自己有情緒有脾氣，就是個「不好的人」；若沒有去滿足別人、照顧別人，就是一個「自私的人」；如果自己愛和別人計較，則會是一個「小氣沒度量的人」。

為了不要成為環境所排斥的那種人，李雯不斷排拒自己會有的那些壞感受和壞行為，要自己去除自己內在的「惡」與「壞」，以避免遭到別人排擠和拒絕。她務必要自己成為最良善、心地最無瑕的人，不能有半點醜陋的面貌，也不能有任何一點讓人不悅的地方，這是她無論如何一定要有的表現，唯有這樣，她才會稍微覺得自己可以存在於這個世界。

這樣的一個故事裡，有多少人的生命縮影？爲了怕自己不被接受，爲了在家中不至於被排除，也爲了不要失去父母親的關愛，我們從非常小的時候開始，就「去除自我」，好讓自己適應生活中的變化、型塑可以生存的模式，並發展出因應這個世界的性格。

也許我們要問的是，爲何李雯會有如此的性格？爲什麼會發展出那些和別人對應的方式？爲什麼她想成爲別人口中和眼中的好好小姐？爲什麼她想讓別人覺得她是溫和文靜好相處的？

我們所發展出來在這個世界的生存方式，有極大的影響層面是來自幼年時在家庭生存的經驗，包括我們和主要照顧者之間的互動方式與關係型態。在我們還非常小、尚未發展出自己的價值觀和判斷能力的時候，所有的觀念和應該如何表現自己的方式，大多從主要照顧者的教條灌輸和身教而來。即使他們未透過口語耳提面命，我們仍能從生存的處境中，透過看到的、聽到的、感受到的，來形成自己應當如何生存，才能活下去的方法。畢竟，「家」是我們必須賴以爲生的重要地方。

而這些方法在每天的累積與循環之下，形成了我們的「人格」，也成爲我們處世爲人的「習慣」和「模式」。

不論後來我們喜不喜歡自己的那些面貌性格，或者，那些面貌是否早已扭曲，那些性格的誕生，都是爲了適應我們早年生存的處境。只是，我們忽略了，在後來進入更廣大的現實世界時，面對複雜的人際關係，那些過去讓我們得以生存的性格和模式，不一定能如過去一樣，讓我們得到生存的保障、避免經歷情感上的創傷，反而有可能引發更大的生命代價及情緒傷害也說不定。

幼年時，我們極力壓抑自己、漠視自己的感覺，爲了不失去和所愛至親的連結，我們去除自己的想法和感受，以對方的想法和感受爲依據，甚至在許多方面，都模仿重要他人會有的表現及行爲：信仰他們的價值觀，讓自己變成附和者、應聲蟲；扭曲自我，好務必成爲他們眼中的乖孩子，怎麼也不敢有自己的想法和觀點，也放棄感受自己的感覺及情緒。一切只求自己無論如何，都能是那個重要他人眼中、口中值得存在的好孩子。

那麼長大後，這樣的性情和對應關係的模式，會漸漸地成爲「不被在乎」「不被尊重」，或「被人予取予求」的狀況。那個想證明自己是乖孩子、好女兒的意念，後來也不可克制地想成爲別人眼中與口中的好人、好同事、好朋友，卻在不斷求「好」心切、想要面面俱到的過程中，逐漸失去自我，慢慢消融掉自己的主體存在。

漠視自我主體存在的人，必然會忽視自己眞實的需求；因爲不知道自己的想法，所以常說「都可以」；因爲不理解自己的感受，所以常說「還好」。如此長時間下來，不僅當自己感覺自己時，總是模模糊糊的，不知道自己想要什麼、想選擇什麼、好奇與喜歡什麼，別人也會感覺到，那個沒有清楚主見與主張的人很好控制、很好差遣及使喚。

所以，若不想讓自己反覆在人際關係裡遭到忽視與不受尊重，首要的是，鬆動及調整自己一貫以來，習慣漠視和忽略自己的模式。習慣壓抑自己的感覺、習慣不傾聽自己的聲音，以爲只要沒有「自我」，就不會和關係裡的別人有衝突或不合，是你長期以來，不斷承受心理內傷的原因。

你必須了解，若是你扭曲地認爲，越不呈現自己的個性、越沒有自己的原則和觀點，別人就越會覺得你好相處，因此不會與你發生衝突、不會讓你受傷，那麼，這樣的思考將是偏頗及扭曲的。成人世界裡，人和人的關係，就像兩家公司，要攜手合作共存，也可能必須競爭較量；有時要妥協退讓，有時又必須談判協商。在這樣的歷程中，對自己公司的目標、需求、企圖、計畫越清楚的人，越能知道如何拿捏及權衡，知道什麼可以讓，什麼又必須要守、要堅持。

如果一間公司，對自己的定位及營運方向，沒有目標及規畫，也沒有想法及期許，那麼，與其他公司接觸及互動時，不是受到侵占或支配，就是根本無法和對方在同一個平臺上對話和談判，只能被消音，被剝削。

你也許會覺得很失望：爲什麼在成人現實的運作世界裡，必須要看相互的利益和條件？爲什麼雙方好像要有相等的條件及資源，才能有權利被重視和看見？難道不能單純以情義來對待彼此的關係？爲什麼就算表示了友善，也不能保證不被欺負？

當你有這樣的想法時，表示這是你心中的「小孩」心智在說話，它無法面對及參與成人世界裡的複雜和現實，不能接受「情義」和「友善」不是成人社會運作的唯一目的。人和人相互合作或一同工作，並非爲了建立情感，也不是爲了培養親密，而是以工作任務及目標爲導向的短期合作，更可能是資源交換，以求獲得利益和利潤。

有許多人，將過往對待家人那種義無反顧、沒有底線或任勞任怨的家庭互動方式用在社會上，無論在職場或社群，皆以自己的情感取向對應人際，而無法面對所屬的眞實世界，也無法以現實感來辨識，自己在社會上生存及適應時，該如何建立原則和立場，又如何爲自己的存在，爭取權益和合理的對待。

如果，你持續認爲沒有自我主體性、沒有清楚的自我主張和原則，只要順應著環境中的別人，去跟隨和照著他們的意思做，自己就不會被討厭及排除的話，那麼到頭來，你可能會一次次感覺到別人的侵入及占據。在你渾然不覺時，你已成爲別人手中的傀儡，任他們左右與操縱，即使累積和壓抑了許多不平和委屈，你也會要自己忍耐。

如果，連你都不在乎、不肯定自己的存在價值，誰又有義務和責任，必須比你還懂得在乎、肯定你的價值呢？如果一直保持這樣的期待，那麼這頂多會是個永遠不可能實現的幻想，還會讓你多添了一道傷口。

請找回自己的主體性，允許自己完整地存在。你有自己的感受，有自己的思想，也有自己想要做的行動。當你存在時，你會有自己的需求。你需要被尊重，需要有自我選擇的空間，你的心理不需因為他人的意見或觀點，而必須放棄自己的，變得與別人相同。

當你願意懂自己、先知道自己的心意和立場，那麼別人在決定和計畫任何事務時，就不能漠視你、忽視你，也不能任意地支配你、濫用你。請從接受你自己的存在開始，不再讓自己隱身及消音，這是你在人際關係中，找到自己存在位置的開始。

深陷負面情緒的痛苦中，反芻自憐的記憶和情緒

可敏，一個人走在夜晚的大街上，儘管身旁車聲喇叭聲吵雜，但她的心似乎凝結在一個小空間裡，隔離了外面的車聲人聲，聽不到一點環境的聲音。在她凝結的小空間裡，她彷彿回到下班前的辦公室——組長一長串的責罵和批評，在她的腦海裡不斷回播。「妳到底出錯幾次了？只是計算一下數量，有這麼難嗎？為什麼回報的數字總是弄錯？妳連小學生的程度都沒有嗎？」

回播到這裡，她的胸口不由得揪了一下，她忍不住質疑自己：「是不是我真的太笨，怎麼數字總會出錯？」接著，她又想起周圍的同事，臉上帶著冷漠表情，窩在一

角竊竊私語。她心裡立刻感覺一陣羞恥，認定同事們都在旁邊看笑話，沒有人在這一刻懂得她有多難過、多委屈，也沒有人肯出聲為她說話。

接著，她感到有些不平，覺得自己平時那麼幫同事的忙，有時當他們被組長壓榨時，自己都會為他們挺身而出，適時地讓組長知道，不能再這樣欺壓同仁。知道同事有困難，她總是樂於幫忙，就算耽誤自己的事，也會把同事的困難擺在重要的位置。

可敏越是回想過去對同事的付出，越是感到難過。自己長久以來這麼努力地與人為善，卻沒想到一個數字上的小小錯誤，竟然沒有人提醒她、告訴她，讓她就這樣呈報上去，以致讓組長認為她做事粗心又散漫。

一想到這裡，可敏開始覺得心好悶、好憋屈，有股怒氣湧上心頭，覺得自己是不是被集體設計了？不知道是不是早從什麼時候開始，就有人惡意在她背後捉弄？還是誰特地慫恿大家不要幫忙她，要等她出糗、看她出問題？

可敏好難過、好難過，難過到覺得這世界容不下她，覺得如果這麼小的事都做不好，也許自己根本不應該活在這世上……

但是，她又覺得好不甘心，難道別人就是完美的嗎？她一一想起同事們，想起他們每個人都有出錯和偷懶的地方，也有背地暗藏私心的行為，她心想：要不要乾脆去報復他們，讓他們知道既然彼此之間沒有情誼了，她要把大家的醜事都抖出來。

當可敏覺得無地自容，又覺得職場的人際關係讓自己好心寒時，她想起從小開始，自己一直這麼努力地去幫助他人、提醒別人，只要有人弄不懂什麼事，或不擅長處理什麼，她都毫無保留地把自己會的、懂的，及擁有的資源，跟別人分享。她就是覺得每個人都要相互幫忙、相互提醒、相互支持啊！這才是一個友善，有溫暖的社會啊！可是，為什麼真實的社會裡，人人都只顧自己，只在乎自己呢？為什麼就不能像她一樣，願意為別人付出，願意把別人的事當自己的事呢？

可敏覺得自己好孤單，孤立無援的感覺，讓她的內心充滿黑暗。還有，那些人的嘲笑，讓她覺得這等於全世界都在嘲笑她，全世界都在看她倒楣。在這一刻，她被內心的沮喪和羞恥感淹沒，不只是感覺自己一無是處，還想到自己成為大家茶餘飯後的笑話，這樣的感覺實在太糟糕了，讓可敏好想抓狂，好想放棄一切，乾脆消失在這個世界算了。

深陷在負面情緒的痛苦中，反芻自憐記憶的情緒模式，會讓一個人放大不順心的小事件或小情況，而在心裡成爲一個巨大的情緒漩渦或情緒風暴。就像東岸一隻蝴蝶搧動了翅膀，卻掀起了西岸的一場巨大龍捲風。

我們當然知道，每天的日常生活中，外界的刺激或事件並不少，因而引發我們內在不同的感受，和大大小小的情緒。但有些人，不僅會任由自己情緒的渲染力無限擴大，還會深陷負面情緒中，反覆感受情緒帶來的痛苦折磨。

你有沒有見過水彩顏料，滴落在水面的情況？當顏料落下時，那一滴顏料碰到水之後，因爲其擴張性及延伸性，使它成爲一圈圈的漣漪，擴散出去。這就像是負面情緒反芻者的狀態，從小小的挫折或失落開始，延伸及擴張負面情緒，直至「自我」消失，只剩下情緒存在，掌握了一切。

當人們被產生的負面情緒包覆、纏住、凍結時，就會失去即使身在情緒當中，仍能繼續思考、繼續行動，也繼續和外界互動的能力。

透過不斷反芻自憐及糟糕感受的記憶，同時也反芻了一個個循環的負面情緒歷程。通常有這樣情緒模式的人，會自動化地任由情緒擴張、延展、發酵，他們不知道怎麼向自己的情緒喊「好了」「停」。當下情緒一旦被引發，立刻會勾動過往許多相似的負面情緒經驗，這樣的情緒勾連速度通常是相當快的，原本內心還像是落下小雨滴的狀態，立刻就會變得烏雲密布，形成大雷雨。

不能否認的，這種情緒模式會讓個體很痛苦；就因爲痛苦難受，內在也就不由得感到受傷、脆弱，令自己崩潰。

這類模式的形成，可以追溯到個體的先天氣質，是屬於高敏感型。從非常幼年時開始，對於環境的變化、主要照顧者的情緒，都有非常敏感的反應。也就是說，即使只是一個小小的風吹草動，在個體主觀的感受上，都是一個可怕的威脅或干擾，甚至懷疑會危及自己的性命。

有些小孩，才出生沒多久，就可以發現他很難被安撫，很難照顧。像是在夜晚，只要因爲空氣冰冷或有種不安的氛圍，孩子就會哭鬧不停，出現難以安撫的躁動。在這樣情況下，因孩子的氣質使然，除了比較容易緊張及感到不安之外，也表示他可能是容易感受到環境變動的高敏感族群。

因爲情緒的激發是如此敏銳，就同一個事件來說，當別人的情緒還沒達到滿水位時，先天氣質敏感的個體，可能早就已經滿溢、需要洩洪了。

當這樣的一個個體，在他的家庭環境及成長過程中，表現出較多且強烈的情緒反應時，不論是大哭、大吼、大鬧，或大力拉扯，這些情緒表現的啓動，往往都是因爲一個旁人認爲再小不過的事件點。此時，若他人表現的反應是責備或是質疑：「有那麼嚴重嗎？你會不會太誇張？」甚至爲了制止個體過滿及過大的情緒，而以動手或吼罵的方式來干預個體，將無法避免地造成更雪上加霜的後果。

想一想，當這樣的個體，已經深受自己強烈、擴張性很強的情緒覆蓋及淹沒時，就像是溺水的人，他會感受到可怕、無助、痛苦及掙扎，他需要的是求助，需要感受到有人正在幫助他，讓他知道自己不至於沒命，然後慢慢了解到沒事，一切都能沉澱、平靜下來。

但事與願違，情緒強烈及敏感的個體，不僅往往在幼年得不到適當和適度的陪伴，以及情緒引導，再加上周圍無知、無同理心的照顧者或大人的責罵與喝止，甚至以更多的羞辱或批評來對待，原本亢奮的情緒還未得到調節、未能平復，便又再席捲出更多的負面情緒，造成更衝突、更激烈的情緒翻攪。

漸漸的，個體在無意識中開始形成一種模式：情緒的感受，還是持續的敏感和激烈，再加上過去被對待的責備辱罵方式交互作用下，混合成自己內心的黑暗空間，只要感受到自己的情緒，就把自己推落進深不可測的黑暗中，任由情緒風暴殘害自己，或讓情緒漩渦無止盡地吞噬自己，讓自己成爲情緒的祭品。

這種對情緒無能爲力、無力招架的反應模式，使得個體只能忍受情緒狂亂地侵襲，傷痕累累、身心受創，卻老是覺得找不到出路，好從黑暗中離開。而最令人無助及絕望的，莫過於當情緒發生時，會讓個體喪失自我的意識，只剩下對自己滿滿的失望和沮喪，彷彿自己的生命眞的很無謂。一旦出現「活著也沒有意義」的念頭時，即使有那麼一刻驚覺自己好像掉太深了，都可能來不及自救了。

所以，處於這種情感內傷模式的人，需要保持警覺和清醒；雖然這麼做真的太難了。因為你自動化的情緒模式，會讓你不自覺地反芻令自己痛苦及折磨的記憶刻痕，同時也反芻強烈負面的情緒。但是，你還是需要練習讓自己停止掉進大海的無意識衝動。當你想自毀和自傷時，你很可能對於自己跌落進情緒大海一事，感到無所謂，所以你幾

乎不會為自己保持清醒，而是任由情緒綁架或拘禁，這是你需要試圖改變的地方。

請試著理解：雖然情緒感受是真實的，但不表示那就是外界的客觀事實。外界的客觀事實，不會是自己主觀感受就能斷定與釐清的，往往需要說明、對話，還有適當的澄清。有太長一段時間，你的生命一直交給情緒主宰，如果你已覺察，請讓你的理性參與感性，讓兩者能夠相互合作，並攜手共進，讓你的內在不再虛耗，成功地達成平穩。

天真地期待他人滿足及重視，無法適應失落的發生

洪玉怎麼想都想不通，雖然當初是自己主動提分手的，但她現在已經反悔了，也發現男友對自己有多好，對自己有多包容，她不應該還嫌棄男友，還覺得不夠。她知道自己錯了，不該不珍惜，所以她要竭盡心力挽回男友的感情。

可是，她怎麼也沒想到，男友竟然拒絕復合，還告訴她，分開後想清楚才發現，過去都是委屈討好、壓抑自己。為了維護這一段感情、害怕失去她，才會落得連自己都不認識自己的後果。既然已經分手，就不想再回到以前的關係模式中，不想再貿然進入一段會失去自己的關係裡。

洪玉不敢置信，她以為男友是很愛很愛她的，即使她不懂珍惜，稍微離開他一下，他應該也會守在關係裡、等她回去才對，怎麼可以這樣就放開手？怎麼可以這樣就離她而去？

洪玉收到男友確定分手的訊息，也發現男友再也沒有給她回應、態度上非常冷淡後，洪玉開始慌張、焦慮、不停流淚，就像失去心愛玩具的小孩，內心感到懊悔，很難受，也很不安。

男友留下的訊息內容說，要兩人各自為前程努力，若真的有緣分，未來自然會再重逢；但至少不是現在，因為他也受傷了，需要好好療傷，希望洪玉不要再打擾他，讓各自都能找到平靜的生活。

看到這些文字，洪玉怎麼也覺得自己看不懂。她願意陪男友一起療傷啊！兩人重新在一起，難道就不能療傷嗎？為什麼要各自為前程努力呢？她已經知道最適合自己的人就是男友啊！

洪玉看不見自己的盲點：無論對方訴說什麼心聲或心境，她都不願意接受。只要不是她認為的方式、不是如她所期待的，她都說她不明白、不懂。對洪玉來說，她對世界的認知是：「只要我想要的，世界就要滿足我；只要是我所渴望的，他人就要和我一起實現啊！」

她對世界的認知非常天真：「只要我想、我要，這世界怎麼可能不照著我的希望、我的期待運轉？」她一直是抱持著這種信念，一路成長過來的，總是努力地爭取、努力地擁有、努力地達成自己所要的目標。在她的經驗裡，都是她在選擇人、挑人來進入她的世界，怎麼會出現「自己選定的人卻拒絕了我」的事？

洪玉覺得好難受，難受到好像有股強烈的憤怒，讓她想大聲吶喊：「誰可以幫我叫我的男友回來？誰能去告訴我男友，我要他回來？只要他能回來，我一定會很愛他、很珍惜他。誰能幫我告訴他，我真的很需要他？我真的不沒有他，誰能讓我不要那麼難過？誰能幫我讓他回心轉意？我真的好難受啊……」

處於天真人格原型的個體，相信這世界是他的伊甸園，其中沒有失落沒有苦難，沒有傷心沒有缺乏，一切都應該無缺無虞、無憂無慮，包括愛和呵護，都該一直在。

什麼樣的人，會一直處於這種天真者的人格狀態呢？

害怕面對現實殘酷，也害怕接受失落的人，會竭盡所能地想抗拒內心所感覺到的痛苦及心碎。他以為，自己只要掙扎、只要拉扯，死命地抓住他不放手的「希望」，那麼這世界，還有在乎他的人，都會願意讓他的願望，得以實現，得以滿足。

抗拒接受事實，也拒絕接受失落，甚至認定了失落等於失敗時，一旦身處任何可能面對失落或失敗的處境和遭遇，就會讓他經驗到強烈的撕裂感和破碎感。他討厭經歷這種感覺，討厭覺得失落和失敗，彷彿這會證明自己不好，或有錯誤。當他這麼認為時，就會以所有力氣，來抗拒生命裡會發生的各種失去、各種失誤。

失去，意謂著情況不如我們所預期，這種情況同時涵蓋著挫折的發生。若一個人從小所型塑的模式是：抗拒失去、避免挫折，無論如何都要用盡力氣爭取，絕不能放棄達到目標……那麼這等於已埋下了一個未來要反覆痛苦及受傷的根源。

為什麼這麼說呢？

凡是人類，不可能沒有失落和挫折的經歷，即使再聰明優秀、再有身家背景、再有外貌才華，在這趟人生歷程中，毫無失落或挫折都是不可能的。有時候，能夠擁有和獲得，並不在於誰是那最優秀、最美麗、最受矚目的，才配得擁有，而是在於「最適合的」。我們不會什麼都適合，也不會遇到任何關係都覺得適當，所以，必然會遭遇失落或期待落空。這種時候，很重要的一項學習，不是不服氣或不甘願地繼續強求，或是以不放棄的態度非要不可，好證明自己不會經歷失落或挫折；反而是要從這份失落及挫折中，體會自己的渺小，承認自己的有限。

人的一生，必須歷經些許失落及挫折，才會懂得謙和，才能試著從中學習並調整自己，勿過於膨脹、過於自大，而是學會務實地、誠懇地面對自己，也對待他人。

我們的家庭及社會，往往給我們「只准成功，不許失敗」的訊息；面對失落或挫折時，又沒有適當的情感支持及情緒引導，導致失落和挫折成為我們集體既恐懼也焦慮的經驗，不知道如何和遭遇失落和挫敗的自己相處、和好，進而修復。

許多人正是在這種模式下面對關係，處理有關相處的問題。以控制及要求的態度，強求關係滿足、符合自己的期待。當關係有所失調或失落時，便不知道該怎麼面對和處理自己的挫折，以為只要保持過度的樂觀、天真的信念，以及要賴或執著的態度，終會讓人不忍及不捨讓我受傷。卻沒想到，如此反而是不斷將自己置於失落中，反覆受挫，一再破碎。

畢竟，失落一旦成爲事實，就不是用盡全力、執著強求，就能扭轉情勢的。

面對事實、面對真相，是成人培養自己勇氣的機會，也是我們不被挫折感威脅的方式。讓挫折回歸事實本身，不論那是自己的限制，還是對方的限制，甚至是環境的限制，接受現在的有限，而不是強求再耗費力氣奮力一搏。

很多時候，用力過度的「非要不可」，才是讓我們無法調適與面對自己心傷的原因。你不是將力氣用在陪伴自己修復、讓自己好起來，找到自我成長的方向，而是用力抵抗一個已然是事實的結果，那不僅讓你耗費心力也無法得到自己想要的，更會讓你因為一再受挫受傷，而一蹶不振，難以前進。

固執主觀解讀外界及他人，活在內心暗黑小劇場

名雄看著自己告白的女同事——艾琴，發現艾琴在收到自己的告白信之後，就對自己很冷淡。以前見到面還會點頭微笑，聊上一、兩句，怎麼現在改變這麼明顯，連目光稍微對望一下，也會馬上迴避。

名雄悄悄觀察了幾天，發現只要自己出現，本來和其他同事說說笑笑的艾琴，會突然變得安靜、沉默。中午，若是他主動邀請大家一同去吃午餐，艾琴一定會說她有事，不一起去了。

他沒有收到艾琴的回信，也沒有感覺艾琴想和自己談一談。他自認為自己可以接

受拒絕，只要說清楚了，大家還是可以好好當同事。可是為什麼艾琴什麼都沒表示，而且還有意冷淡、拉開距離？

名雄越想越煩躁和憂心，他不知道艾琴會怎麼看自己？會不會其他同事都知道了，正在背地取笑他，自己卻什麼都不知道？因此，他決定找比較熟悉的同事問問。同事表示沒聽說，不過經名雄一提，好像也感覺到氣氛怪怪的。於是，名雄索性大膽地問同事，艾琴究竟是怎麼想的？為什麼連個回音都沒有？到底是還在考慮，還是不想理會？自己到底應該更積極，還是該多等待？

同事也不知道怎麼回事，只好勸名雄想開點，如果女孩子沒有回應，或許就是緣分還不到。

只是那天之後，名雄並沒有就此放下，他依舊觀察著艾琴，不停從艾琴的舉動中，猜測她釋放的訊息是「我喜歡你」還是「我討厭你」。但大部分時間裡，艾琴都面無表情，不然就是和其他同事互動。

幾週下來，名雄的焦慮和煩躁並沒有減少，他甚至覺得那個曾聽自己吐露心事的同事，是不是也對艾琴有意思？為什麼他們常常會一群人約去聚餐或是看電影，卻從來沒有約他？

名雄越想越不對，越想越混亂，他開始覺得艾琴在藐視他、不尊重他，把他當做不存在的人。這種感覺很糟，彷彿自己是個讓人亟欲擺脫的噁心東西。他對艾琴的感覺開始扭曲，心想：也許艾琴根本是個對感情不忠的人，她不想表態，就是為了讓自己能一直暗戀她、喜歡她，這樣就可以一直占上風，讓他離不開也得不到。這樣一想，名雄開始覺得艾琴根本是個壞女人，也許她沒有自己想的這麼美好、這麼善良；這種驕傲的女生，有什麼了不起？名雄竟開始在無意識中敵視艾琴，這是他自己沒有覺察到的……

我們從小就很會「猜」，「猜」媽媽心情爲什麼不好？「猜」爲什麼爸爸比較不重視我？「猜」我到底要怎麼做，才能得到同學或老師的喜歡？

我們每個人都有很長的「猜」歷史。小時候的「猜」，是因爲大人叫我們不要問、不要多嘴，於是我們只能靠自己察言觀色，自己猜、自己下定論，自己捕捉線索、解讀線索。

長大一點後，我們的「猜」就更厲害了。猜同學和老師的言行舉止，以及他們話語中的意思；猜同事人好不好，有沒有什麼心機目的；猜主管要我做什麼，或是不喜歡我做什麼。我們以爲體貼，就是會猜，就像父母所說的：「不用人家說，就應該懂得別人要你做什麼，自動一點。」所以，我們在不知不覺中，以爲會猜是種能力，也是美德；以爲自己總是能猜測別人的心思，並把猜測視爲自己的直覺，認定自己一定能知道別人沒說出來的意念，而且八九不離十。

關於這種現象，我常覺得，我們的社會不善於思辨、不善於對話，人人卻都像通靈者般鐵口直斷，既不需要資訊內容，也不用交談核對，就能認定了別人「一定是怎樣，才會這樣那樣」。

「猜」，是我們小時候因爲得不到說明，也無法獲得詢問、表達、對話的機會，所產生的自動化「解答」模式。我們透過猜測的方式，讓自己所感覺到詭譎無明的情緒，有個能夠緩解焦慮不安的暫時解答。其作用是因應我們面對未知、面對不明確時的恐懼和躁動。

然而，當我們習慣用「猜」，來因應成人後的人際關係與生活環境，卻絲毫不覺的話，那麼「猜」，就會成爲自動化的反應模式，無法停止以自己的主觀解讀，來認定他人的意圖及外界的情況。再加上，若我們的世界觀是偏向負面的，便更會自動以敵意的、邪惡的、扭曲的眼光來看待外界。那麼，在猜測的過程中，不僅很自然地就會往壞處想，還會災難化地想像出各種可怕的情節。

所以，很會猜的人，同時也會成爲很會嚇自己的人。如此恐嚇自己，當然會心神不寧，更可能疑神疑鬼，出現疑心症狀。

而太會猜，卻不懂得澄清及查核的人，無法釐清事實，只能一個人悶著想破頭。當想破頭也想不出「答案」時，就可能自動腦補，創造各種可能的答案，好回答自己的問題。偏偏擁有這種模式的人，往往因爲太執意認定自己的想法是正確的，所以無論他人後來怎麼說明或嘗試溝通，他也會認爲別人這麼做只是欲蓋彌彰、強加解釋，無法鬆動他主觀的認定。

這種自我偏執的傾向，時常因爲自己的扭曲想法，而讓情況越來越惡化，不只造成對自己的打擊和重創，也造成對他人的指控和仇視。

當然並不是這樣的人，就必然會成爲偏執狂；但若不適時發現及修正，發展成偏執狂的情況，將難以避免。

典型的偏執狂表現包括兩項：因爲誇大的恐懼干擾，認定壞事一定會發生；以及擔心其他因素或條件會導致壞事即將發生。

偏執的人，會煩憂某人設法導致他遭到人身攻擊，甚至會殺害他；也擔心某人設法導致自己遭遇實際上的情感傷害（例如外遇、出軌、背叛）。或是將偏執表現在認定某人發布關於中傷他或毀謗他的不實傳言上；以及擔心某人設法從他身上竊取或詐騙金錢。

這種對世界糟糕及負面的想像，且毫不懷疑地認定「壞事」及「傷害」一定會發生在自己身上的想法，可能來自他幼年時的不幸，或是童年曾遭遇失喪及不公。他在無意識中，將過往的經驗謹記於心，耳提面命地要自己務必防範那些可能的損失及傷害。他太害怕被騙、被害、被惡意對待，因此把所有誇大的恐懼情緒，拿來猜測及懷疑別人，而不是用來做更實際、更有建設性的自我保護或關係維護。

最常見的例子，是已婚者，並沒有因爲結了婚，而把心思和力氣花在了解如何培養與經營關係；無論是知識或技巧，全都無動於衷，不願學習。卻對伴侶採取緊迫盯人、嚴加管控的態度，並且提取自己強烈而誇大的不安全感，用來要脅和恐嚇伴侶配合自己的作息與行程。當自己要檢查伴侶的私人物品及通訊時，伴侶應該毫不考慮地提供並配合，才叫做無愧於心，沒在背地裡做什麼對不起另一半的事。

這種被自己的恐懼及不安全感支配的人，無法真正理解和體會，對周圍關係裡的人們來說，如此遭到懷疑及緊迫盯人，究竟是什麼感覺。

我們的內在確實會經驗到焦慮及惶恐，但若是無視於害怕自己受傷與受害的扭曲信念，任由自己被誇大的恐懼及不安全感左右，便會淪陷在受害、受苦的心境中，不可自拔。你要試著明白，自己的想像和現實之間，一定會有差距；而自己所認定、猜測的，不必然就是客觀的事實。因為這世界，並不是以我們為中心運轉著，也不是存在於我們的腦中：只要我這樣想，事情一定會成真。

試著停止對自己的誇大想像，也停止漠視這世界真實的存在，這是我非常重要的建議。

受親情綑綁，困在至親關係的控制和支配

曾瑩是家中的獨生女，從小同學就羨慕她是家裡的掌上明珠，備受父母親的疼愛和保護。曾瑩從小也一直這樣告訴自己，父母的愛都給了她，她有他們的保護及無微不至的照顧，實在太幸福了，她一定要永遠和父母親在一起，一輩子都不離開。

從有記憶開始，她就聽媽媽說，以後爸媽年紀大了、變老之後，就只能靠她照顧了，所以她不能離他們太遠，要時常和他們在一起；不要落單，也不要花太多時間在外面的世界，畢竟外面危險多，也有壞人，還是家裡最好、最安全。有父母親在，沒有什麼是一定要自己去闖、去衝的，生活所需要的一切，都有他們準備妥當。

不論是房子、基金，還是足夠的保險及儲蓄，家裡什麼都安排好了，只要大家都平安健康，沒有什麼一定要曾瑩去煩心擔憂。

所以，曾瑩從來不用想她要讀什麼學校、讀什麼科系、未來要成為什麼。媽媽總是告訴她：「我是妳最重要的人，妳是我最重要的人，我是妳的媽媽，也是妳最好的朋友。所以我們倆什麼事情都要坦承以告、真誠分享，我們要做彼此生命裡最重要的人。」以致從小到大的任何選擇和決定，曾瑩都是聽媽媽的。她不想讓媽媽失望，也不想讓媽媽覺得被背叛或拋棄，所以，就算她知道同學們有什麼生涯規畫，或暗地裡羨慕同學可以出國深造，她也從來沒有想過：那自己呢？自己有心願嗎？自己有想要體驗的人生嗎？

只要是離開媽媽、離開家，就是不對的。曾瑩自然而然地這麼認為。

但隨著曾瑩長大成年、進入社會，雖然還是在自家的公司上班，但曾瑩有更多機會，見到形形色色的人，也開始從網路上看見各種多采多姿的生活分享，像是有人去自助旅行，分享當背包客的體驗；有人報名烹飪短期學分，分享自己做糕餅甜點的樂趣；有人則參加國際志工計畫，到一些有需要的國家照顧當地的兒童。

看到這些，曾瑩就會覺得自己的生活有點乏味，有點單調。當她嘗試告訴媽媽，現在的生活太安逸，想要一些變化，也想在年輕時，經驗一些特別的體驗時，媽媽就會嚴肅地說：「不要想那些。妳現在很幸福，不要身在福中不知福。那些人體驗完了，還不是要過這種平穩安定的日子，妳比他們都提早擁有了，要感恩。」

只好不了了之，曾瑩這麼想，並且要自己別羨慕別人的生活。媽媽說得對，就算到世界各國又怎樣，最後還不是要回家、要過安定的生活，何必多跑這一趟？更何況，那些體驗又不能證明什麼，以後老了，搞不好全都忘了。

只要能讓媽媽放心，別讓媽媽不開心，曾瑩都會要自己別做、別想。只是，沒想到，曾瑩無意間在網路上，和一個男孩聊得很來。對方在一家咖啡店工作，同時也當學徒，他的夢想是開一間屬於自己風格的咖啡店。曾瑩突然覺得很新奇，也很好奇，為什麼要開一間有自己風格的咖啡店？還因為這樣去當學徒？這讓曾瑩覺得不可思議，怎麼有人對自己的夢想這麼清楚？而且還會做許多學習和計畫，只為了一個「夢想」？

這不但刺激了曾瑩的思維想法，也彷彿在告訴她：她並不認識自己。她對自己的人生那麼無知，好像有點詭異。於是，她開始試著不再把自己的想法跟媽媽討論，而開始參加一些社會上的活動，像是一日烘焙工作坊，或是了解如何品嘗咖啡，也試著去聽聽一些團體的讀書會和講座，她想知道自己到底會對什麼感興趣？自己對人生會不會有什麼渴望？

她以為自己參與這些活動和團體課程，不必讓媽媽知道，只要自己默默進行就好了，卻沒想到，某天媽媽會當著她的面說：「妳最近常常不在家，也不像以前一樣，假日就是跟我去菜市場或是百貨公司。妳什麼都不跟我說，是不是覺得我煩？陪老人家讓妳覺得乏味了？我也想往好處想，也許妳只是有自己的朋友，想見面聊聊天，並不是丟下我，棄我於不顧。我快四十歲才生下妳，就是希望妳能來陪陪我，讓這個家不要太安靜、太無聊。結果妳現在大了，卻只想到妳自己，想過妳自己想過的日子，把我和妳爸爸拋在腦後；我們好像被利用完了，就被丟掉了。如果早知道最後還是要孤孤單單的，那我那麼辛苦生下妳做什麼？」

聽到這裡，曾瑩不敢相信自己的耳朵。媽媽是怎麼了，竟然講出這麼有攻擊性的話？為什麼她去認識自己、發掘自己，卻成了讓媽媽孤單及失望的行為？為什麼對別人來說，是人生裡很自然的追尋，對她而言，卻是那麼沉重、那麼罪惡、那麼離經叛道的壞事？

有些人，如曾瑩一樣，從很小很小的時候開始，就一直接收別人對他的設定、對他的期待。不僅將許多家庭認定的觀念、教條、規範加諸於他，更是不厭其煩地告訴還是幼童的他：他的存在，是爲了某人而活。

這樣看似被賦予期待的重要生命，一誕生就註定了某些命運：不能有個體性、沒有自我發展的權利、生命的存在是爲了某人的需要或設定。因此，身上背負的是另一個人所投注的心力及期望，必須爲了與另一個人的情感牽繫而活著。

若是自小開始，「必須爲了另一個人或關係而存在」的訊息，便總是從四面八方而來，毫無縫隙地灌輸於每一條神經、每一個細胞，那麼，就像ＡＩ（人工智慧）的發明，是爲了達成及執行某項任務、某些目標一樣，幾乎沒有空間，可以對關於自己是一個「人」的存在有所覺醒。

從小被加諸許多觀念、教條、規範的個體，會由內而外，由外而內地，從自己爲何存在的信念，到自己爲何存在的目標，全然被所灌輸的那些訊息占滿，就像一部空白的電腦，灌入了什麼樣的作業系統、程式，就會照著這些系統運作及執行。

當出現外來、且不相容於系統的程式或資訊時，個體一定會出現極大的認知失調；情感造成的衝擊，也會造成個體的混亂和質疑。如果，原本被灌入的系統非常強大的話，那麼，即使有升級版的作業系統出現了，個體也會因爲那些不相容所帶來的失調及疑惑而感覺混淆、不舒服，而認定那些新資訊、新程式爲「病毒」，是來癱瘓我的、會造成我的危害。

個體卻不知道，最原始被灌入的生命執行系統（生存信念、存在價值、教條規範、觀念制約），其中含有木馬程式。（借用了以木馬做爲禮物來欺騙守城者，卻偷偷將士兵送入特洛伊城的故事，指那些僞裝成正常程式的破壞性程式。就像特洛伊的木馬，它會在電腦中開一個後門，供惡意使用者或程式竊取機密或個人資訊。）也就是說，包裝在那些忠孝仁義、親密幸福、安逸安全的崇高意義下，所暗藏的剝奪及監控、支配與操縱，才是這些高道德、高期待及高理想的信念所欲執行的。

最簡單的檢測是，當你開始要進行關於「自我」的探索及認識時，當你想執行你身爲人的權利：有自己的思考、有自己的感受和情緒、有自己的選擇及行動……時，你覺得這些權利是否獲得賦予，也被維護呢？還是，你最好保持在一種「不成長」「不改變」及「不思索」的狀態，乖乖地、安靜地、毫無異議地配合就好的狀態？你是否會因爲意識到「自我」，而立刻出現不安、罪惡感、焦慮及空洞感呢？

受親情綑綁及剝奪，會讓我們困在至親關係中，無法伸展及成長。爲了要進行控制和支配，我們所信任與依賴的親情對象，會反覆地告訴你，你是他最重要，也是最關心、付出最多的人；他不能失去你，你也不能沒有他。

當我們探討來自親情的綁架及控制時，最能引發個體的恐懼及罪惡感，讓他不敢自由行使主張最常見的型態和管道，有以下幾種：利用經濟控制、情緒威脅及操弄、暴力制止，還有以性命爲威脅。

這些威脅或利誘之所以有效，是因爲人有求生的本能，會以生存安全爲考量。只要能避開危險，獲得生存保障的條件，個體便會偏向順從與屈服；特別越是弱勢及弱小者，爲了鞏固生存的條件，便以接受控制和委屈順服爲代價。

這並不是說，我們應該狠心不顧念親情，而是要思考：什麼是健康的親子關係？

親子關係的意義和價値是什麼？是否只有唯一標準和唯一做法？當自我的成長歷程，面臨挑戰及困難時，自己是否也會想以親情爲生存保障的來源與依賴的對象，而不自覺地、自動地，就和親情依附相連？爲了害怕面對獨立任務和存在的孤獨感，我們是否寧可捨棄自我的主體性，轉向緊密共生？即使當中的親情關係糾葛糾纏，也不願意釐清關於個體生存的責任，和每個人要背負的成長代價？

並不是因爲有親緣，所以自我必須消融於親情關係之間，背負對方生命責任的義務——這是長久以來加諸在我們身上、似是而非的要求及教條。像是「妳是姊姊，妳有責任和義務讓弟弟過得好」「你是小孩，你有責任和義務讓父母驕傲、有面子」「妳是女兒，妳有責任和義務聆聽媽媽的心事和煩憂，做個貼心的女兒」，或是「妳是妹妹，妳有責任和義務，幫妳的哥哥照顧家庭」。

我常感覺到，我們的社會是一個「懲罰努力者」的社會，灌輸許多「能者多勞」「你一定行的，就多擔待點」「你有能力，就不能拒絕不幫」的觀念，來進行道德綁架。然後在無法辨識及釐清的狀況下，讓人只能悶著頭、壓抑自己，即使內在有許多疑惑和衝突，但爲了以和爲貴、避免人際衝突，也爲了不讓親人傷心擔心，於是我們長期受這些模糊混淆的概念束縛及綑綁。

眞正的明辨事理，是要思考的；眞正的以和爲貴，是必須在顧及彼此的權益，不剝奪、不強迫地互爲主體中共創的。若只是單方面灌輸及強加，在權力關係不平等的情況下，很容易造成控制和支配的操縱。

如果，你發現自己身在這樣的關係處境中，要面對自己眞實的「不對勁」感受，就不能再用許多過去的道理教條說服自己，更不能再以「爸爸說」「媽媽說」或「某人說」來頂替自己的看法及觀點。你已經失去自己太久太久了，你對自己感到陌生，也對自己感到疏離，若再持續以權威或親人的說法想法，做爲自己的，你要何時才會爲自己的存在勇敢呢？

在這種情況下生長的你，不確定是否有信心建立自己、照顧好自己及承擔自己，所以，你把自己的主體性捨棄，依偎在親情關係中，而這其實也是你恐懼獨立的反應。不論你相不相信，但沒有人是在確定擁有獨立的自信後，才開始獨立的。自立的勇氣，是因爲想實實在在體驗及發掘自己的存在價值和能力，而開始的行動，它來自不漠視自己，也來自勇敢走出舒適圈的自我挑戰力。

不做、不行動，就永遠不會知道自己是誰。關於自我的探索及建構，並不是靠「想」，而是靠實際的接觸、嘗試和實驗，還有修正及調整。當你越有能力與信心來建立自己的生存能力，也越了解自己的價值所在，你才有能力及內在厚度，和親情關係重新調整出新的互動型態及模式。你能不能試著用健康而合宜的關係模式，去影響你的親人，這也是不能強迫和控制的，但至少你自己能清楚內在的所思所想，不再人云亦云，也不再輕易地受別人擺布及威脅，並因此動彈不得。

情感內傷模式10

否認及壓抑內在真實感受，強迫自己偽裝堅強與無恙

曼莉身體極度不舒服，全身顫抖，發冷冒汗。尤其是胃，不停地頻頻作嘔，一陣悶痛，一陣發脹。還有她的頭，痛到像是被金箍圈住似的，有種緊縮到快爆開的感覺。她動彈不得，只能蜷縮在床上，什麼動作都不能做，連起床拿個止痛藥都辦不到。

曼莉非常熟悉身體的這種情況，大約從她念國中的時候開始，這個問題就一直跟著她。但做過了無數檢查，也找過各個有名的中西醫，情況都沒什麼改善。她沒有從各種門診中，得到什麼病名，醫師們總是告訴她：「壓力，這是壓力，妳需要釋放壓

力。」不然就是告訴她：「妳要放輕鬆，不要想太多，也不要太認真，把生活節奏放慢一點。」

每當聽到這種說法，曼莉都會皺緊眉頭，心裡吐嘈著：「要是可以放輕鬆，誰想要緊繃？」但是，認真的曼莉還是找了許多方法，試著做到醫師所說的「放輕鬆」。她報名了瑜伽，也去學習呼吸法，還買了健身房課程；不僅如此，什麼能量轉化、花精療癒、神經語言課程，只要說到靜心放鬆，她都會去嘗試，也買了許多紓壓產品，但情況仍然反覆出現，說不上來究竟是依循著某個週期，或是什麼因突發事件的刺激，總之，曼莉還是必須承受身體突然而來的痛苦折磨。

有句話說：「你對身體如何，身體就會在某一刻開始，要你加倍奉還。」曼莉想到這句話，感慨不已，她知道自己對身體很不好，常常有一餐沒一餐的，就算是吃飯，也不太注重到底吃進了什麼。她的工作需要長時間坐辦公桌，有接不完的電話、處理不完的文件，還要帶人、管人，讓她日日夜夜都在操勞工作，無法得閒。即使曾因為身體不舒服的症狀太激烈，而離開職場一年，但回到職場的曼莉，還是飽受身體疼痛的干擾。

曼莉一直知道自己很注意小細節，很多事情不做就算了，一做就要做到符合自己嚴格的標準。她受不了被認為是笨蛋，也討厭被男同事嗤之以鼻的輕視感，所以，她做事一定卯足全勁。

曼莉並沒有覺察到，她會不自覺地和男性競爭，並在無意識中，出現對男性感到不屑的念頭：「這些男人只會出一張嘴發號施令，真的要執行的話，半點步驟都不懂。」她也對職場上大多是男性主管覺得不以為然：「這些男人只會搞權力鬥爭，要是真的沒有女人在旁協助，他們就會一事無成。」因為這樣，曼莉絕對不會在職場上出現軟弱，或自己束手無策的樣子。她特別討厭一些小女生裝出柔弱的模樣。有一回，一位年輕的女同事，搬了一張椅子撞到了腳，嬌嗲地「唉」了一聲，招來男同事幫忙。她看不下去地直言：「一張椅子都拿不住，大概連拿飯碗也會掉吧！」然後在心裡想：「就是有妳們這種女孩子，才會讓男人一直得以壓制女性，真是讓人受不了。」

曼莉雖然要求自己能力強，但並不刻意做中性化打扮；即使如此，還是有人會告訴她：「妳不要事事都自己來，嬌羞一點，讓男人服務也不錯啊！妳何必做什麼都要表現出獨立和一切都可以靠自己的樣子?」曼莉只要聽到這種言論，就會覺得很不舒服。她不懂，為什麼要裝出一副自己很嬌柔的模樣來討男人歡心，或換取他們的服務?自己有手有腳，能夠獨立自主，不是應該慶幸的事嗎?總不能像媽媽那一代的女性，事事靠男人，經濟也好，生活也罷，好像沒有了男人作主，自己就什麼都不知道，什麼都不會了。

她從小就覺得，霸道無理的爸爸，只因為是「男」人，所以做什麼、說什麼都是對的，好像連放屁也是香的，她實在很不以為然。爸爸曾經沒來由地發洩情緒，她不理會，還因此被爸爸修理過幾次。每次快把她打個半死時，媽媽就會要她趕緊跟爸爸道歉，向爸爸求饒，還要她跪下來跟爸爸說，自己以後都會聽他的。曼莉聽到媽媽的話，就會張大眼睛怒視著媽媽，同時用表情告訴爸爸:「就算你把我打死了，我也不會示弱對你哭喊一聲，你這個野獸!」

所以，曼莉很小就開始打工，有機會就到外地讀書;半工半讀再苦，也絕不向家裡拿一毛錢。她不知道自己從幾歲時就明白了，她是個女生，在家裡沒有什麼價值，在外面的社會也常得忍受歧視和騷擾。如果自己不剛強、不保護自己的話，就算軟弱哀嚎，也只是換來別人更無情的糟蹋和嘲笑。無論如何，她都不會讓人看見心中流不盡的眼淚，也不會讓人逮到機會輕視她、傷害她。

曼莉沒想到，她的身體成了自己杜絕傷害和輕視的盾牌。雖然好似在保護自己的內在，不至於輕易受傷，但其實在漫漫歲月裡，身體一直為她承受環境無情的壓力，也承受來自於自己的命令及要求：不能鬆懈、不能讓人有機可乘、不能表現出自己的脆弱及需要。她的身體，就像是作戰多年的軍隊，沒有後方軍糧補給、沒有其他騎兵支援，一直孤軍奮戰，直到耗盡氣力。可是，就算她知道身體情況堪慮，還是要它拚命抵抗，為了尊嚴，寧死不屈。

曼莉是那種曾在過往的歲月中，經歷許多來自家庭無情的打擊和痛苦的羞辱，讓自己發自內心排斥與厭惡「弱者」，更不允許自己成爲「弱者」的人。當個體認爲，是因爲「弱者」才導致自己受害和受苦時，就會認定：說什麼都不能再當弱者，務必要「堅強」，杜絕任何再因爲弱者而被擊潰的可能。

一開始，只是爲了不想再感受更多的傷痛和脆弱，才不得不武裝及強忍著；但漸漸的，「堅強」成了自己再也脫不下的面具和盔甲。

你可能會認爲，堅強有什麼不好？不會被欺負、不會被輕視，也不會任人糟蹋。然而，這個強迫自己無時無刻必須強悍的驅力，所必須付出的代價，是耗盡全部能量與心力去撐住，並忽視自己內心的呼救，直到耗竭、乾枯，甚至倒下，才得以心安地停歇。

這樣的人，不是眞的完全無感於自己的辛苦和內耗，而是過往的傷痛經驗，讓他不願意，也不能夠重視與聆聽身體的呼救。因爲示弱對他而言，是羞辱和欺凌的召喚鈴。他所深信不疑的是：唯有武裝起自己，才能保護自己脫離過往那些羞辱和壓迫。這世界不會有任何人，可給予自己任何幫助及救援。對外呼救或求助，不僅無效，反而會暴露自己的無用和脆弱，並招來不必要的批評。

但是，無論多強大的人，都有自己的限制，沒有人可以是無所不能、永不枯竭的強者。若不能誠實面對自己的限制，便會無限度地耗竭自己，所付出的精神與身體代價，只是讓自己的活動範圍更加限縮，讓自己更加速地崩潰。

當然，我們要問：「爲什麼接納及感受自己的脆弱或限制，是那麼可怕的經驗呢?」幼年時,相對於大人,我們的身材體型必然是弱小、脆弱的,我們抵擋不了大人出手或吼罵所帶給我們的衝擊與驚嚇,所以我們會受傷,並感到魄力十足的威脅。那些早年生命經驗中所累積受害、受苦的記憶與感受,到了長大後,當初的恐懼及心理陰影,雖然會變形成看似較有能量的憤怒和反彈,但其實只是想隱藏那些恐懼和無助,好不再被人識破。

在我們所處的人際關係裡,這些憤怒常不自覺地投射於和過去欺壓者具有相似形象的人物身上。當我們面對這些人時,抗拒、畏懼、驚嚇,乃至不自覺地迴避,常常無法克制地油然而起。當內心因爲那些情緒拉扯,而無法獲得平靜安穩時,更會因爲混淆的感受,無法清楚分辨出「過去」和「現在」的情境已不相同,「過去」和「現在」的自己也不同了,以至於產生對現實感的阻礙或破壞,將過往遭遇的情節,毫無辨識地推論於現在的其他關係上,例如:覺得父親很暴力、爲人好糟,便直接推論:所有的男人都很暴力,都很糟。

過去僵化的情感創傷及情緒陰影,逼迫我們以好強做爲對應,以爲這樣就能不受傷,也就不必自憐地把脆弱處暴露給別人看。這份要命的好強和逞強,其實是爲了保護那個在過去受苦經驗中所形成的低自尊、受損的自我。在沒有經過重新理解這個世界，及重新接納自己的情況下，逐漸變成了無法彈性調整的生存模式，就算危害了身心健康，還是難以招架心中的不安全感，而要自己絕不鬆懈。

當我們看見一個人有多堅強，往往代表他曾歷經多少的艱困及辛酸。我們或許會將注意力放在那看似無堅不摧的氣魄上，卻鮮少思索：看似堅強的外表下，那說不出的受苦及脆弱有多少？一個人究竟歷經了什麼，才會只剩下「堅強」？如果，可以不再堅強，那麼這個個體會不會有其他機會，活出不一樣的人生？

堅強，不是強壯。堅強，想擺脫的是內在的軟弱及無助；而強壯，是真實地與自己內心的脆弱及限制接觸，達成和解，在自我重整過後，所產生的自我支持力量。

死命要自己堅強的人，既沒有彈性也沒有自由，他的存在全是爲了「不要受傷」而努力而強悍。然而，強壯的人是自由的，因爲他相信自己有能力保護自己，也信任自己能爲自己的安全負起責任，並能找到穩定及自在的方式，安住在這個世界。

生命若要能感覺到喜悅及滿足，需要的是強壯。若只是靠著幼年時所設定的「生存信念」及「情感模式」，我們終究會離完整的自己很遠很遠，不僅切割了自我，也會從此封鎖了對自己生命的情感。

Chapter 3
改變你的內在系統

打造自我守護能力及自救行動

從前兩章的敘述，我們可以了解到，從童年時期開始，家庭關係、照顧關係、友誼關係、伴侶關係、職場關係，再到親子關係，我們在各種人際關係中會遭遇許多傷痛，進而引發情感一連串的創傷及失落。這些情感的痛苦及失落，讓我們產生許多扭曲的自我觀感，及偏執的認知信念，使我們深信不疑，一些糟糕及不幸的情況會不停出現或發生：「一定是我的錯」「一定是我不好」「我會被拋棄」，或是「我是糟糕的、差勁的，沒有人喜歡我」。同時，伴隨複雜的情緒痛苦，諸如：自卑、沮喪、羞愧、不平、孤單及挫敗……等等，也會糾纏著我們的生命。

我們的行爲反應，會配合這些已經扭曲與偏執的認知信念，以及負面的自我觀感，產生許多防衛的、討好的、順應的和迴避的因應模式，並且，漸漸以一種自動化、類似不必思考就會自然而然發生的「習慣」反應，無意識地在生活情境中反覆發生。

只要情境對應到了相似於過往或早期所經驗到的人際的痛、情感的傷，那一組認知想法、情緒感受，及行爲選擇的自動反應，就會自顧自地再度上演，重現過往曾經驗的某一幕痛苦或焦慮，並經歷其中的不安、無助及恐懼焦慮。

如同我們探討的十種人際痛症及情感內傷模式，那些會令我們身不由己、情非得已，或明知不可爲卻又爲之的反應，就像是一股內在的驅力，讓我們根本管不住自己，不清不楚地就深陷於某種處境或心境裡，不可自拔。

或許你已覺察到，自己曾經驗過這樣的反應：一旦外在環境出現某種情況，就會像是從哪裡伸出根鉤子似的，必然會鉤住你，接著纏住你，讓你動彈不得，只能衝動地、無力抵抗地、無能爲力地，往某種熟悉的結果走去。

這就是你的內在系統。在你不知不覺中，透過家庭制約或環境塑造，所設定下來的「模式」，包括：與人互動和相處的模式、處理壓力及解決問題的模式、情感依戀與分離的模式、危機因應和挫折處理的模式，還有你處事待人的過程所形成的模式。

擁有模式或習慣，能讓我們免於無知與不知所措。這是人類的學習能力，讓我們總能在經驗中，發展出自己的心得和生存方法，並能有所防備，知道若是下一次遇到同樣的情況，自己該怎麼辦。

但是，在我們身上累積而成的這些模式或習慣，雖然曾是一時之間的協助，幫我們適應環境；然而，物換星移、時空更迭後，這些模式或習慣，卻可能會成爲我們生命中很大的束縛和綑綁，也可能成為我們發展人生、成長為完整自己的阻礙。

同時間，還可能因為這些模式或習慣，讓我們的關係，反覆進入惡性循環的過程，充滿糾葛、掙扎、痛苦及傷害，不僅無法從關係中經驗到愛及尊重，還不斷地遭遇侵犯、剝奪、剝削與控制。

救援陷在受苦關係中的自己之前，首先，你要先知道如何自救，學會有效的自我效能、充實內在的力量及處理能力、破除一些根深柢固的歪曲信念，並鬆動你面對外界時的自動反應，賦予自己建立及提升內在系統的機會。

如果你感到消極、想要退縮，並浮現了「好難」「好累」「好艱深」的反應，請注意！這也是一種自動化阻止自己改變的模式，讓你受內在的無助感與無力感支配，而無法肯定自己存在的價值及意義。

如果你有意願，也真心覺得這是自己真的想實現的生命狀態，那麼請你帶著熱情及一些好奇心，投入這一段建立內在新自我系統的挑戰過程，陪自己探險，也陪自己鍛鍊力量。

以下有八個環節，我稱為**「自救八行動」**。你知道的，如果你只是看了書（或翻過書），或聽人家說過、提到，卻沒有實際從行動開始自我研究，就無法從實戰中獲得經驗值，知道更新自己的模式和提升自我的覺醒意識，是怎麼樣的過程。

這八個自救行動，是我認爲華人社會很缺乏，或是根本忽略的自我效能，因此我們的內在系統，常處於無法處理複雜情況的困境中，特別是人際關係的衝突或是情感糾葛；於是我們很容易當機、猶豫和迷惘，不知道該怎麼選擇與決定自己該如何進行下一步。

特別是自我情緒的關懷，更是極度缺乏。我們對情緒往往只有漠視和貶抑，不然就是任由它擴散爆發。但事實上，無論是封裝情緒，或是發洩情緒，都是對情緒的置之不理與缺乏關照。

現在，我邀請你依序進入這八個重要行動，試著閱讀、理解、舉一反三地與自己的情境和經驗連結，爲自己進行反思，並規畫可行的改變行動。我通常建議大家，不要一下子就懷抱遠大的夢想，而是先認識清楚：**最可行，也最能夠達成的微調行動是什麼，然後從這裡開始。並且，試著持之以恆，以發展成新的好習慣。**

另外，你需要了解，能做得到的，才稱爲「行動」；若只是想，卻沒有行動，那就只是空想。或許你需要時間醞釀，但容我提醒你，醞釀過久，就像是一部明明要行駛的汽車，引擎卻遲遲不熱，沒有可奔跑的能源，那麼這輛車，還是哪裡都沒有去，只停在原地。

所以，不要害怕出發。即使停停走走的，或是彎來繞去多走了些路，都好過沒起步、沒前進。我始終相信，只要定好目標及方向，即使走得再慢，總有走到的那一天。

自救行動1

在人我關係之間，建立有效界線概念

在許多課程裡，我常會被問各式各樣的問題，其中出現率極高的問題是：工作環境裡遇到的同事或主管，總是每日帶著負面情緒，動不動就暴怒、抓狂、亂罵、發牢騷，情緒既激烈又暴躁，到底要怎麼面對，以及與他互動？

因為出現率極高，我不得不懷疑，是否大家都集體在暴躁的環境下工作？如果是這樣，身心的平衡肯定會受到不少影響。

若要回答這個問題，首先，我們必須先確認這個問題的複雜性，例如：此人是否有失控的精神狀態？他的人格特質的成形及傾向如何？他所激發與處理情緒的模式是怎麼樣的？還有，這種行為想獲得環境的什麼回應，其背後意圖又是什麼？

我們需要對以上這些部分有所觀察並稍微了解後，才能知道這個現象之所以發生的因素。而除了這些個人因素的情況外，我們要關注的一環，其實是來自情境中關係的動力。

情緒其實沒那麼不理性

在《理性的情緒化》一書中，提到許多人們看似很不理性的情緒行為及反應，事實上沒有這麼「不理性」。如果，你覺得對方不理性，但只要他面對不同的對象和情境，就會有完全不同的反應和舉動，那麼你還會覺得他不理性嗎？

舉例來說：你有一個同事，總是任意在辦公室咆哮，對你講話大小聲，或是很不尊重地對你發洩情緒。突然間，主管進來了，或看起來更兇、更具權威的人進來了，那位同事就會很快地安靜下來，或立即改變原先的態度。

為什麼呢？因為每個人都有一種傾向：害怕會影響自己生存安全的人。所以會辨識和選擇：對誰發洩情緒、讓情緒波及到誰，是最不用擔心會面對危險、最不用顧及後果的。

也就是說，情緒的運作及表現，其實是理性的；也就是大家都會辨識，面對什麼樣的人可以展現或使用哪些情緒。

因此，大人容易對小孩發洩，小孩容易對更弱的小孩或小動物發洩。在職場中，看起來最安靜、討好、害怕被討厭的人，就非常有機會遭他人以情緒進行惡意攻擊及操弄。

當然，你還是可能遇到不管三七二十一，對任何人都沒好氣、沒能和平共處的人。箇中原因除了必須確定情緒失控的精神狀態才能了解外，還要考慮人格的固著性因素，最可能的一點在於「無社會化」和「無現實感」。這樣的人是以幼兒的世界觀解讀外在世界的運作；也就是無法進入成人世界合作性和互惠性的運作方式，而是自我中心地認爲，外在的一切，都應該符合我、滿足我、照著我的感覺和想法來順應我、回應我……不能讓我失望及挫折，否則我就會失控並暴怒。

社會化程度低的人，無法具備社會情境敏感度

有如此幼兒世界觀的人，社會化程度低，卻要進入成人現實運作的世界，很容易挫折連連，還常常有「委屈」及「受害」感，覺得自己遭到全世界的壓迫或攻擊，而難以穩定地在環境中與人相處及互動，也難以成長成熟。

然而，事實上，是他對社會情境難有敏感度，只停留在自我中心的想像。

通常，容易成爲被發脾氣和埋怨的對象，就是幼兒性格者所認爲、理所當然要滿足他的「照顧者」或「幫助者」。這是從一個孩子的角度，認定別人「應該要照顧我、滿足我，怎麼什麼都沒做？不做好？怎麼可以對我不關注？怎麼可以不幫助我？」的心態。

這種將環境中的他人，都投射以「照顧者」或「完美媽媽」的角色功能，並賦予期待和要求的人，抱持的是一種失去「現實感」的幻想，忘記了在職場上，大家所共識的最大目標和任務，其實就是推動工作、把任務做好，而不是尋找無盡的溫情和依賴；甚至把理想家庭的期待，放在職場來類推及投射需求。

如果，面對的是情緒易怒和暴躁的同事或主管，可適時以明確的態度反應，說明你的工作重點和目標是什麼，並表示對於他的情緒，自己雖然可以同理，卻無法協助及滿足的原則是什麼，然後，請他尋求其他適當的協助管道，幫助他自己妥善處理或調適。

此外，必要時，可以溫和的方式中斷接觸並離開情境，避免受到對方情緒的壓迫及侵害。這都是建立情緒界線的做法。

沒有必要滿足他人不切實際的想像及期待

在我們華人社會裡，童年時普遍都沒有得到眞實滿足的「愛」的經驗，我們缺少獲得情感回應，也時常感受到孤單及失去關注，因此許多人心中都有一個幻想：希望有一個對我永遠不離不棄，永遠守護我、關心我、支持我的人，任何時候，只要我有需要時，他都會出現，給予我所需要的陪伴與幫助。

基本上，這種幻想表示：此人失去人我關係界線的知覺能力。他所認爲的關懷者，是一個「非人」的存在；不會累、不需要吃飯睡覺、不需要休息、不會有自己的需求、不必爲自己的生存奮鬥、不用擔憂現實生活的負擔……他的存在，只是爲了讓人感受愛及關懷，並且時時刻刻，無微不至。

從理智上，我們可能會發現這太不合理了，怎麼可能有這樣的人存在？怎麼會有這種可能？這根本不是一般人能做到的。但是，即使理智知道不合理，但情感層面的自己，還是無法消除這份渴望及幻想：就是有這麼一個人，存在於我的生命裡，無條件地愛著我、專寵著我，一心只爲了服務我。

抱有這樣渴望與幻想的人，不僅容易不顧及別人的心理界線，也不把人我關係的界線放在心上，直接認定這個世界裡的別人，都是爲了服務他、滿足他及安撫他而存在，因此常踩了別人的私領域範圍，或是占據了別人的空間、時間、資源及能量都不自知。

同時，他還可能將這種幻想反轉，要求自己成爲別人無條件的供應者和滿足者。這是從他的渴望和幻想中，投射出來的神化形象。因爲他如此渴望有這樣一個無微不至關愛者的存在——這是他心中勾勒出的至善至美完美者——也就不自覺地以此模板來期待自己、塑造自己。而忘卻了自己只是一個凡人，是有各種極限的人，毫無思考地、無意識地爲別人的需求付出、給予，並一股腦地全然投入。

就像原本就有一定蓄電量的電池，要是不分時間、不分用途地竭力供應，這顆電池一定用不了太久，還有可能過不一會兒功夫，就完全耗盡，不堪使用。

失去人我界線的個體，很容易處於以上兩種極端處境中，要不是占用侵犯別人，就是被人侵占濫用。嚴重者，像是沒有穩定自我價值感的人，甚至會以拯救者或無私照顧者的身分自居，讓人依賴、汲取，好以此獲得自我滿足感和價值感。

因此，若我們要建立合宜的人我關係，不進入病態的、不健康的共生關係，除了要確認自己是一個完整獨立的個體之外，更要思考並辨識清楚：關懷與照顧，或是分享和支援，都是有限度的，每個人都需要爲自己的生命，負起最大的責任。我們想讓自己的生命擁有什麼，或是實現什麼，都需要透過爲自己付出、願意投入心力，累積自我的能力，實際且踏實地建造想過的生活。

協助及提供，建立在一個人有多少意願「自助」之上

有個重要的概念是，所有的幫助及支持，都是其次，真正最重要的是，一個人肯爲自己付出多少代價、投入多少心力去努力與打造自己。他的生活如何，取決於他的力量運用的如何。如果我們否認了一個人該爲自己的生命狀態負責的此一觀點，那麼，爲別人承擔責任、遭受他人的侵占及濫用，甚至爲別人收拾爛攤子之類的事，就會層出不窮，無法終結。

如果，你想改變自己舊有的模式，不想總是受人欺騙濫用，或是不被尊重地任意使喚、要求你，那麼，你必須更新你的內在系統。首要的關鍵行動，就是開始清楚地意識到，自己需要建立有效的界線概念。學習尊重你自己是一個完整的個體、尊重你自己的感受、尊重你自己的意願、尊重你自己的想法，也尊重你想要做的選擇。

以下，我示範了一則「人際宣言」，你可以寫下自己的人際宣言，喚醒你的權利。這一份「人際宣言」，你也許不會馬上做到和改變，但這是一份宣告自己不接受有形無形「不平等條約」的不平等對待。無論是家人、朋友、伴侶、親子、同事、

上司……沒有人可以因爲他的身分或角色，而任意地、不予尊重地命令、要脅你順從他、滿足他。

如果，你無法擔負起維護自我界線的工作，那麼不尊重你的人，或好於使喚你的人，就會更加侵犯與威脅你，甚至會以言語舉動恐嚇你，讓你激發出「恐懼」的情緒，使你就範。

引發一個人的恐懼，是最容易使人就範的情感操縱。所以，請你試著安撫或是管控你的恐懼，不輕易和外界的人聯盟，一起恐嚇你，強迫你服從。

爲了不再輕易受人擺布，也不再讓別人任意侵犯，爲自己的人我關係，建立起你可以守衛的防線吧！

我常常說，把自己的狀態、選擇及限度，想清楚、表達清楚，這是一種原則和立場。但若是想不清楚，就隨意答應，或是以沒有想法的態度輕易同意人家，等到後面感覺有些不對勁，招架不了，才想脫身及反抗時，那時候就可能要面臨翻臉並撕裂關係了。

人際宣言

我接受你是你，
但不表示我要接受你的剝奪；
我接受你有你的情緒，
但不表示我要受你的情緒傷害或綁架；
我接受你有你的限制及需求，
但不表示我要被你濫用和依賴；
我接受你有你的渴求，
但不表示我要被你消耗；

我接受你有你的不足，
但不表示我要一直受你要求；

我接受你想只做你自己，
但不表示我必須消融我自己。

如果我容許你的占用及侵入、索取及消耗，
那麼是我容許了負向循環的發生，
並鞏固你只須活在自我中心的陶醉世界，
失去了現實感，
忘了生命本該自我負責及承擔。

我接受你是你，如同我是我，
我無法取代你，你也無法抹滅我。

如果，我們能相互尊重和理解，那很好，
但若不行，因此交會錯過，那也是沒有辦法的事。

就接受我們呈現出來的關係型態和模樣，
不是你不好，也不是我的錯，
而是這是一個事實，也是一個目前的結果。

現在，為自己試著寫下屬於你的人際宣言，並從意識上開始調整。

我接受：

但不表示：

我接受：
但不表示：
我接受：
但不表示：
我接受：
但不表示：
我接受：
但不表示：
我接受：
但不表示：

我接受：

但不表示：

我接受：

但不表示：

自救行動2

真正學習如何照護自己的情緒傷口

所謂糾結和糾葛的情緒，都不只是一次當下的感受就會形成的，而是在反覆出現的情境下，經歷千萬次大小事件所累積成的經驗，這些經驗所囤積的情緒，龐大而複雜，且彼此纏繞，所以成爲個體心中難以處理、難以化解的痛苦。

在那些說不太清楚的痛苦情緒、非常糟糕的感覺中，最讓人難以忍受的莫過於：孤單（被孤立）、遺棄、貶抑和否定。越是讓我們感到自己的存在是沒有價值的、沒有尊嚴的、不受重視的、不配存在的，越有可能晃動我們的存在根基，對自我存在感到懷疑與焦慮。

一懷疑，就啓動了「不安全感」；偏偏人類是極度需要尋求「安全感」的生物，不僅希望居住環境、生活空間是安全的，對生活的安排，也需要建立安全感。因此我們會有固定作息，以及可以掌控的行事曆，好讓生活的一切可以透過預定和計畫，達到自我安全感的標準。

對人際關係更是如此。人一出生後，正是透過與主要照顧者的關係，建立安穩的安全感。每個嬰兒都有一段發展歷程，需要將外在主要照顧者的穩定存在與適當回應，慢慢內化成內心對自己存在的安全堡壘。透過「客體恆久性」的發展任務，意識到：即使眼前見不到主要照顧者（即重要他人），但他已經化爲自己內心的安全感連結，相信他無論如何都在；只要自己需要他、呼求他，或是時間一到，就能和他相聚與重逢。打從心底相信自己不會是孤伶伶、無助無望的一個人，不會經歷到被拋棄的危險。

但若是在早年的信任感、安全感、親密感建立的發展任務上，受到挫折、損害的個體，其內在安全堡壘的建立，就會變得空洞或殘破不全，必須不停地試探環境中的他人，來確保當自己的不安全感發作時，能得到回應和安撫，以調節內心的痛苦情緒，獲得安心和安定。

而情緒的激發，最是能提醒我們：自己正處在「我覺得沒有安全感」的生存焦慮狀態。

情緒的激發，來自不安全感

想想你曾經驗過的情緒痛苦，無論是混亂、恐慌、無力、挫敗或沮喪低落，甚至是憤怒、嫉妒、厭煩……在這些龐大、沉重且複雜的情緒中，你是否能透過探索和覺察，抽絲剝繭地穿越情緒的迷霧，進入你內心深處，感受到內心對自己的存在是如何的沒信心和懷疑？追根究柢，那便是我們的「生存焦慮」。

然而，如果我們對自己的「生存焦慮」毫無意識，並對內在產生的「我是不安全的」沒有辦法因應的話，情緒便會猶如漩渦、暴風或是黑洞，席捲、侵襲及摧殘我們。倘若束手無策，就只好不斷承受情緒的威脅及吞噬了。

常常有人說，對自己的情緒真的無可奈何，不是只能靠壓抑和隔離的方法逃避，就是只能任憑情緒呼嘯而來，擾亂自己的身心和日常作息，直到它自行消退。

這麼看來，情緒似乎是個不速之客，不受人歡迎，卻又不能請它離開。對於這位不速之客，你可能從來沒有弄清楚：它爲何而來？它來了，到底要做什麼？又希望你能回應什麼？

情緒是保障我們生存的原始本能

我喜歡將情緒形容成「原始生物」，像恐龍或猿猴一樣的生物，既有野性、不受馴化，又具有原始行動力和攻擊力。這種像極了原始生物的原始本能，打從有人類以來，就存在於人類大腦中，確保人類能安全生存。它幫助人類經歷了各種天氣、自然環境的災難危險，又可以順利避開危險、有效逃生，還可以從經驗中記取教訓，知道如何預防、趨吉避凶。這些都是這原始本能，在人類發展歷史中，對人類生存的貢獻。

但隨著文明進步，來到了現代主義的社會，再加上資本社會與科技世界的運作，人類的生存，不再只需要面對無情的大自然災難，或是野獸與傳染病菌的攻擊，更多的生存危機和困難，是和同類的競爭和搏鬥——也就是和同是人類的族群、夥伴、同儕，甚至家人，相抗相爭，來取得更多的生存資源和利益。

這使得人類的生活處境中，有更多的變化和不確定性，是來自「人際關係和人際問題」；且越來越多人敏銳感受到人際的不安全感，也經歷到人際關係歷程，所帶來的各種衝擊和挫折。

現代人受到人際關係的傷害頻率之高，以及不得不面臨和人有關的生活問題（生老病死、婚姻、職場等等），都會使得人浸泡在不安和焦慮的情緒中，惶惶不可終日，累積過多過重的情緒負荷。

認識自己無意識的自動化情緒模式

每個人都有情緒，情緒是我們必然存在的一部分。我們不可能除去情緒——除非我們切除大腦。但我們可以透過大腦皮質的思考及理解分析，試著與提取情緒的邊緣系統，進行有效的連結和溝通，達到合情合理的因應策略。這是歷練自己理智和情感整合的過程所必要的練習。

但不是每個人都能有效地讓這兩者連結、整合。許多時候，整合的阻礙，來自於每個人無意識的情緒反應模式。

當我們面對不安全感所引發的生存焦慮時，例如「覺得自己很糟、覺得自己很沒有用、覺得自己不值得被重視、覺得自己卑微弱小、覺得自己沒有能力活下去」等等，若我們無意識地，任由這些意念啓動各種痛苦的情緒而不自知，那麼情緒通常就會自動引發，不斷被提取出來（因爲意念沒有鬆動及改變的空間）。當情緒累積到足以超載的量時，就會自動爆發、發洩，就像水庫洩洪一樣。身心會知道，再不洩洪，情緒水庫就會被擠破，個體就會崩潰。

而這種任憑情緒不斷引發的個體，同時還往往毫無意識地讓情緒記憶不停反芻，透過回想情緒事件的細節，無法克制地不斷回想，進一步增加情緒的擴大和累加。那麼可想而知，情緒將漸漸聚成巨大的能量，也就是情緒被放大、偏離客觀事實，扭曲成一隻巨型大怪獸來綁架我們，使我們無法行動，或是覆蓋我們，讓我們猶如跌落深淵或墜入大海一樣，遭遇滅頂之禍。

另一種模式，就是一感到有情緒發生，無論是自己的或是別人的，就會立刻覺得

「有危險」，因此必須強力壓制情緒發生，透過冷漠的運作、抽離與無感的反應，讓自己不去知覺情緒的存在。這種情緒模式，會讓自己和情緒的關係，越來越疏離，甚至從疏離到斷裂，連他本人都非常相信，自己根本沒有情緒。

這樣的人，通常看似很理智，也很能在事件的情境中，立刻分析優劣好壞的情況，或是立即性地產生行動辦法，馬上去解決他所認爲的問題，但實際上，他的理智分析和行動策略，都沒有考慮情感的需求，也不接觸情緒的存在。

這種看似很理性、很乾脆的反應模式，不像情緒特性那麼拖泥帶水。但實際上，做出的反應和策略，卻可能忽視人性的情感層面，也會對他人及對自己帶來情感缺失的對待。

而這種模式的危機是什麼呢？就是當情緒在提醒他內在有些波動，或是提醒他情境出現了他必須關注的危險和衝擊時，他卻忽略、不加理會，讓情緒無聲地默默累積儲存，直到超過警戒線了，還不知不覺，使得整個人直接陷落或崩潰倒下。

情緒發生，切勿不理不睬，或放大渲染

所以，當負面情緒紛亂時，需要的是調節及沉澱，而不是放大。要給情緒空間和時間，聆聽自己內心的感受和想法，並且辨識出哪些是主觀的判斷，哪些是客觀存在的事實。不使用以偏概全的想法及評斷，來類推自己發生的挫折和失落，特別是失去客觀事實澄清的概念。像是：「我這次報告做得這麼糟，我眞是太爛了，太差勁了。」

一次報告的不完整或準備不妥，不等於你的生命完蛋了；或是以一次的失落或失敗，就全然否定自己的能力和價值。這就是以偏概全，過度類推。

當然，情緒之所以總是雪上加霜，捲出更多負面的情感漩渦，主要是我們的「價値觀」「信條」「解讀」及「判斷」所影響的。而這些東西的存在，常是自小在生活中被灌輸、教養、命令、指責的內容，所以我們習以爲常、無從抵抗，也覺得理所當然。所以，認出自己的解讀和判斷，還有價値觀和道德觀，如何影響我們的情緒，使之越來越激烈和痛苦，才有可能重新調整出能令我們安穩安心的正確思考。

正確的情緒照護及調節

這些自我覺察及自我剖析，可以幫助自己更認識自我的內在系統是如何運作的。早些發現，我們就多些機會，更早進行重新調整與鬆動，讓自己停止習慣性受情緒傷害，也能避免心理上的反覆受苦。

所以，你需要明白，正確地回應與照顧情緒，才有可能調節好它，既不是忽視，也不是放大。

爲此，當情緒發生時，你有幾件事情可以爲自己做：

- 覺察自己內心出現的想法，是否因爲什麼解讀和判斷，使情緒自動化地激發出來，甚至因爲哪些念頭和感受發生，才讓情緒變得有些激動或低落？
- 覺察出這些內容和訊息後，試著讓這些想法意念鬆動，告訴自己「不一定是這樣」「還有別種可能」「我可以停止老是這樣認爲」，試著鬆動這些習以爲常的念頭與解讀，進一步讓它們停止運作。

• 接著，試著感受情緒的發生，讓情緒有一些空間和時間緩緩平靜下來，不要強烈地再度啓動過往習慣性的貶抑和排斥。試著告訴自己的情緒：「我允許你的存在」或是「我接納你的發生」。試著體會與情緒之間的和平，讓這份和平安頓你的情緒，給它適當的位置及空間。

• 當情緒不再遭到驅離或為難，透過自己的呼吸，在穩定的吸氣與吐氣之間，讓身體可以放下因焦慮或挫折而引發的肌肉緊繃和加快的心跳。吸氣與吐氣的重點在於穩定和規律，透過呼吸告訴自己「我很安全」「我可以放輕鬆」「我可以好好存在」。

不安的情緒，就像是一個不安的小孩，恐嚇和辱罵，只會讓孩子更驚慌無助，或是激起更強烈的反應。對待不安的情緒時，要溫和有耐心地輕輕安撫。因此，你可以撫觸自己的胸口，或輕拍自己的臂膀，輕輕緩緩地，用你同理到的情緒回應自己：「我知道你很傷心。」「我知道你覺得好累。」「我知道你很努力地想要做到，所以很在乎。」「我知道你很挫折，你不想要這種結果。」「我知道你懷疑自己的能力，所以很沮喪。」「我知道你感到不公平，所以很氣憤。」……（請依照你所同理的情緒，以適合的語句回應自己。）

最後，給當下的情緒適當的照顧，這是根據個體的情緒背後，所隱藏或說不出口的需求而做出的回應。因爲每種情緒的引發，都有個體生存需求的落空，或生活衝擊所引發的不安，它們都需要獲得安撫或關注。當你能試著辨識出自己生存的需求，或生活衝擊所產生的不安時，你便可以「回應所看見的需求」。

注意，不是「滿足需求」，而是「回應需求」。若是我們落入「必須滿足需求」的陷阱，就會覺得：「若不能滿足的話，說了有什麼用？」然後又落入不滿和委屈、壓抑和冷漠的循環。正確的思考是：回應情緒，是因爲關愛和重視，即使無法滿足，關心仍在，重視仍在。所以，你可以試著回應情緒的需求：「我知道你想要證明自己夠好，但我想告訴你，你是夠好的。」或是「你那麼努力，試著想獲得尊敬和肯定，我相信你值得肯定，也值得尊敬，只是我們還需要時間慢慢做到。」針對情緒所需要的生存需求，給予積極和具有關愛的正向回應，這才是對內心的關照、撫慰和療癒，讓情感有了又新又好的能量。

自救行動 3

停止無益的自我挫敗加重情緒傷害

可能有些讀者在閱讀了〈自救行動2〉之後，會產生強烈的反彈或懷疑：用關愛的態度和口語來回應情緒、安撫情緒？怎麼可能？內在只有對自己的諸多厭惡和不屑、輕視和否定，要用能入耳及溫暖、富有支持的話語安慰自己，慢慢緩緩地調節情緒，讓它安穩下來，這怎麼可能發生？

是的，這就是我不斷強調的，你的模式和制約所建立的習慣，會讓你深信不疑：自己的模式和習慣就只能這樣，不這麼做、不這麼反應的話，就好像什麼都不可能做到了。

但若是我們臣服或屈服於舊有的習慣及模式，那麼人類生活中的教育和自我學習，應該就不存在了。我們若只能讓過往決定一切、受原生家庭及生存背景所形成的制約操作、對於自己的生命開展和提升的能力一概否定，那確實什麼都無從鬆綁和調整了。

不適合的模式，往往來自於膠著及固定

記得嗎？在那些小時候被教養及對待的過程裡，由於我們還小，無法分辨出大人，特別是爸爸媽媽的遣詞用句中，哪些是出於他們的情緒作用？哪些是他們的人格習性？所以小孩只能聽，像接聖旨般聽話，並視爲眞理般接受；也因此，我們才會累積許多傷害，傷害我們內在的存在價值感和安全感。

換句話說，在你還無法形成自己的想法和價值觀之前，你便已開始累積爸爸媽媽給你的一切，包括價值觀、對世界的概念、對他人的概念，最重要的是，對你自己的概念。

而其中，媽媽對孩子內在安全感及生命價值感的影響，更勝於父親（父親影響較

大的，是社會成就表現及社會適應力）。

如果，你時常從媽媽的對待（口語和表情）中，聽到自己是一個麻煩、一個壞蛋、一頭蠢豬、一個笨孩子，那麼你會毫不考慮地將媽媽所說的「你是」，轉換成自己認爲的「我是」。

你還沒有能力質疑、反駁和推拒，也無法弄清媽媽說這些話背後的意圖——或許是控制、支配，或眞的只是爲了打擊你。總之，這些都會被你收進心理系統中，而媽媽對你人生的各種說法，也會有如你內在的詛咒，讓你痛不欲生，卻又不得不走向應驗的道路。

社會上有許多父母，其實都是內心未成熟的小孩，對待孩子的諸多話語及訊息，也都是任性的妄意而爲，並夾帶許多傷人的情緒，將人生責任全推在孩子身上。像是對孩子說：「我會這麼不高興，都是你害的。」或是：「要不是因爲你，我也不用過得這麼苦。」

通常孩子們聽到父母的這類訊息後，就會認定「如果讓媽媽不開心，我大概會完蛋」「媽媽看起來很不快樂，一定是我的錯」。這種無意識的認定，往往會影響一個人一生的自我觀感，以及他如何對待自己。

在這種痛苦的時刻，幼年的我們，會發展出求生本能以自我保護。這是受到外界刺激、在不安全情境的威脅下，所反射產生的求生本能。特別當威脅者和攻擊者是母親時，我們要和如此強大的生存威脅者對抗，只能用孩子所能做到、不用花時間學習的行爲，來加以適應並逃生。

所以，討好、順應、自貶及自責、認同父母的行爲等等，都是爲了終止父母的威脅和攻擊。長時間下來，我們會變得離自己的眞實感受越來越疏遠，卻對關係裡的求生策略越來越擅長。

只是，不論怎麼擅長求生自保策略，都不表示能安頓內在糾結痛苦的情緒，尤其是當自己不斷重複爸爸媽媽的所言所行，對自己強加批評、排斥、訓誡、控制及責備時，痛苦的感受幾乎無所遁逃地一再發生和重現。

也許長大後，逃得了父母的掌控，能拉開受他們影響程度的距離，但怎麼也逃不了自己心中的牢籠、心裡的自我挫敗。

所以，要從父母訊息裡的自我設定中解脫，就必須認識清楚自己的「錯誤信念的運作」，不再毫不考慮地接收爸爸媽媽的訊息，並將其認同爲自己的。

清楚辨識出「錯誤信念的運作」

要化解內心和重要關係之間愛恨情仇的衝突，承認過去被傷害與被影響的部分是非常重要的，接著，我們還要願意離開「受傷孩童」的位置，不再重複無助和無力感，試著解開被制約和設定的自我挫敗與自我傷害傾向，然後啓動自己「成人」的能力和對自己的信任，試著學習做自己的「好媽媽」或「好的照顧者」。

你不能再習慣性地把別人對你說的那些否定及貶抑，視爲理所當然，連一點點反駁或拒絕接收的力量都沒有。

如果我很清楚地告訴你：「那些從人際而來的否定及貶抑，對你的生命一點幫助都沒有，反而會形成有毒的物質。」你會有像拒絕吃下塑化劑和毒藥一樣堅定的能力或力量嗎？如果你已知道那是有毒物質，卻還是不能毅然決然地拒絕，那又是爲什麼？你有想過嗎？

你要明白，要對你說出有益處的話語或關懷的話語，都不需要以謾罵、否定、貶抑和羞辱的方式來表示，才稱得上「爲你好」。如果否定的語句眞的有用，那你早已成爲一個自己滿意也喜愛的人，毋須不斷地以逼迫式的否定來對待自己。

事實上，若你無法停止無益的自我挫敗（否定及貶抑自己），不僅會加重負面情緒對自己的傷害，讓它像滾雪球一樣越滾越大，同時還會加深你對自己的厭惡和批判，使自己持續在痛苦中掙扎，自我折磨。

如果，你開始想重新掌握自己的人生，你必須練習反駁一個謊言，那個謊言就是你自己內在潛藏的錯誤信念：**「一切都是我的錯。」**這句話會讓你深感罪惡，也相信自己之所以遭受別人的惡待，又得不到渴求的愛，全都是自己的問題、自己的責任，甚至引發羞愧感，認爲「是自己哪裡有毛病，旁人才會這樣對我」。

這絕對不是事實。當別人歸咎成你的錯，或是以「只要你不存在，一切都會好轉」這種言論對待你時，你必須辨識出，這是他的殘暴及試圖推卸責任，而不是你眞的害他如何。即使，人的生活會有挫折，也有困境和挑戰，但我們都可以爲自己的處境做出不一樣的選擇和決定。若是自己抗拒選擇，也抗拒面對，那麼很自然的，怪罪別人或責備自己，就會成爲一種替代反應，而無實質面對情況與調整自己的效果。

所以，第三個關鍵行動，請無論如何都要刻意練習、持續覺察，不再以否定和貶抑，來加深自己負面情緒的惡化和擴大。如果情緒已經有些糟，那麼你要做的事，是即刻陪伴自己調節和梳理情緒，而不是無意識地以否定和責備謾罵，讓情緒越來越糟，再用糟透的情緒傷害自己。

試著寫下那些你過去毫不懷疑的否定語句，寫下來是為了提醒自己，這些否定語句必須被覺察，你不再毫不考慮地任其啟動、發揮，並停止讓這些貶抑、羞辱及否定語句，侵入你的內在，擾亂你的心思意念。

例句：都是你害的，都是你的錯，你這個笨蛋。

當你盡可能寫出來後，請靜下來，透過緩慢的幾次深呼吸連結自己的心，在自己夠寧靜的時候，緩緩平穩地跟自己說：**「我要將這些惡言惡語，或是貶抑羞辱的話語，退還給說出這些話的人，這些話不屬於我，如今我將歸還，不再保留。我的內在不再讓這些惡言惡語侵占，我的內在空間保有什麼，將由我親自決定。」**

自救行動4

將混亂龐大的內在反應分解，把自己拉回現實

所謂「一朝被蛇咬，十年怕草繩」，就是在說明心理陰影的存在。明明是過去發生的事件，卻因為一次受傷，使它成為自己心裡頭永遠無法安歇的擔憂。不但沒有從過往的經歷或遭遇中，汲取出因應人生的智慧，讓自己更加了解如何因應現實環境存在的危險，反而因曾經遭遇過傷害，不斷耳提面命要自己小心，把所有能量都放在偵測危險，甚至連其他並不危險的事物，都先貼上危險的標籤來看待，讓自己時刻心神不寧，疑神疑鬼。

這樣的反應，正是過往的創傷經驗，造成神經系統自動做出身心反應。神經系統

的啟動，很容易將我們拉回過往的創傷事件中，使我們在情緒痛苦中難以自拔，連同身體也一起處於不安、焦躁及痛苦的反應中，引發強烈的身心症狀。

要拆解情緒炸彈，需要透過認知思考訓練的運用，也就是靈活使用負責思考的大腦皮質。試著在面對當下的情境時，辨識並分別出不同以往的遭遇，及相關細節。

許多人之所以常常覺得難以處理和整頓自己的情緒痛苦與混亂，有非常大的原因，來自於當初的情緒創傷，發生在自己仍非常年幼的時候。那時候年紀太小，因此感到無助及惶恐，什麼都無能為力，且不知所以然。而我們延續著那樣的經驗長大，以為凡是遇到自己不知道怎麼面對的情緒打擊或挫折，就只能任由情緒翻攪、心情陷落、懋屈壓抑，覺得什麼辦法都行不通。

但如果現在的自己已是成年人，我們的確可以學習並發展其他的因應策略，以更多元和富有創意的方式去面對與處理。幼年時的我們和環境之間的互動，之所以有那麼多情緒衝突及糾葛，大多來自環境中的他人，在未經深思熟慮的情況下，再加上因無法體會孩子內在的感受，而做出許多直接的對待與回應，致使我們產生情感缺失與創傷。對於那時候的他人而言，並非出於故意，更多時候是因為忽視、無知和不成熟造成的。

我們可以試著擁抱當初的自己，因爲那個當下的驚嚇和無助，傷心和失落，皆是眞實發生在心裡的感受，但那時候既沒有得到環境中他人的傾聽與理解，也沒有辦法得到即時的安慰和支持。

學習做個能讓自己信任的人

因此，當我們再度試著重新理解，過去他人帶給自己的負面經驗或傷害之前，可以試著把焦點放在與過去那個驚嚇和無助的自己連結，告訴內在情緒凍結的自己：「我現在已經長大了，有能力保護並照顧你，不會任意讓你經驗到被遺棄和無助。過去的你仰賴著親人，渴求他們的重視及保護，因此有非常深的失落和傷心，這些我都能理解和體會。如今，我不會這樣對待你，而你也不需要因爲過去的驚嚇，放棄了我們經歷更多生命自由和開展的機會。請你慢慢地安心，也慢慢地相信，從現在開始我會陪著你，給你足夠的支持。」

這種內在處理的過程，就是所謂的「分化」「分解」能力（分化即是分別開來的一種過程），也是一種設立「界線」的能力。將一件事情糾結複雜的經驗感受，做適當的分解切割，不再混爲一談、和在一起，也不再混淆地自動化類推和直接反射。

例如，時空的分化、人物的分化、情節的分化，能讓我們就目前當下的眞實情況去辨識、思考、釐清以及反應，而不是快速地將過往情緒創傷情境所凝結而成的傷痛自動反映在眼前，無法分化與辨識出，自己早已離開過去的時空，傷痛卻仍在現在的時光裡不斷上演。

透過分化、分解的能力，停止循環及反覆，不再讓自己像是掉入同一個情節中，反覆重播。透過分化和分解，我們可以清楚地意識到幾件事：

過去的時空，是過去的時空；如今的時空，是如今的時空。

過去的我，是過去的我；如今的我，已是如今成長後的我。

過去的他人，是過去那個當下的他，而不是後來的或現在的他。

過去的那個誰，不是我現在身旁的任何一位，我不再自動化地投射出過去誰的影子，加諸現在的關係當中。

試著學習處理「複雜」

處理人際關係的誤解及傷害時，若是過度簡化誰對誰錯——或說是無法處理得夠細緻，容易極端化，常常只會越處理越糟，造成衝突和對立。

常常聽到有人提問有關自己人際關係的問題，他們會說：「是不是要嘛我就配合順從，要嘛就不要理他、切割他就好了？」

這種「要嘛就這樣，要嘛就那樣」的思維方式，正是二分法。

很多人面對人際所採用的正是這樣的極端做法，就像我們還是小朋友時那樣：要嘛就跟我好，要嘛我就不跟你好了。

成人處理人際問題時，要能透過多元方式和從多元角度來發展，甚至依照不同關係的情境、對象、時空、角色、職責、緣由、動機……都可能要採取不同的溝通方式和處理技巧。

如果，我們容易陷入「要嘛這樣，要嘛那樣」的二分法極端思維來因應關係，這種偏頗又絕對的態度及方式，勢必會引發關係互動中很多的問題。

你或許會想，做人簡單就好，幹嘛複雜？但我並不是在跟你說「做人要複雜」。你的價值理念可以單純，你的內在真我可以單純，但成人在因應這世界的功能化時，若無法發展處理複雜的能力，那無疑是小孩開大車，根本上不了路。

如果，面對人際關係的互動問題時，只想簡化，那還有什麼比主觀的自我中心判斷及決定來得更簡化呢？

「我不想管你啦！我只想決定我自己……」

「你要不就照我的意思，不照我的意思就滾蛋……」

「那就全部都照你說的，我沒有什麼要說的。」

無法互動和對話的關係，無論是何種形式，終究會因爲這種「要嘛這樣，要嘛就那樣」的二分法思維，讓關係陷入單向通行，另一方只剩下無心的軀殼，很應付地待在關係中，只剩下附和。

直到累積到再也說不清楚的受傷感受，和糾結到再也無法理出頭緒的恩恩怨怨，全都盤踞在彼此心頭時，從此便再也無法說上一句話了。

處理複雜，在於尊重多元觀點和包容個別差異

人際關係中最複雜的，莫過於我們對於互爲主體的關係，相當陌生和無力。龐大的問題和情緒之所以發生，大多是由於各自有各自的觀點想法、價值觀、生存模式、過往的生命經驗，還有性格取向，因此「一方發號施令，另一方聽從，就可風平浪靜」是很難做到的。

因爲人都是有主體的，有自己的思想和感受，有自己的渴望和需求。對你行得通的事，對我就不一定；我覺得很容易的事，對你就未必是。如果我們對於尊重個別差異、具有多元包容力等方面，覺得有困難及局限，我們就容易感覺身陷迷霧，不知究竟要怎麼和另一個人互動及相處。

在越複雜的人際問題上，由於往往有許多情感羈絆，使得我們越無法如自己所想，快速地解決煩人、惱人的衝突；特別是，無法一下子用三言兩語，就把彼此關

係中複雜的情緒和糾葛的感受說清楚。因此，要處理此時的複雜情況，就不能採取想一次說清楚講明白的方法，而是歸納出問題情境和關係的情況，接著分化出不同的主題，聚焦式進行對談。

對自己也是，別想要只用兩、三分鐘的時間，和幾下功夫，就要自己立刻想通、馬上沒事。應該先自我陳述問題概況，然後分化出不同主題，再一部分、一部分地尋求克服及解決之道。

爲自己的情緒或面對的問題進行分化，就像爲自己房間裡的東西雜物分門別類，而非一籮筐或是全倒在一起來處理。當你看見這麼龐大的一堆雜物，我擔保你還沒動手清理，就會開始感到疲累。這種疲累是預期性的，越是龐大的目標或任務，當我們感到難以著手時，就越會產生累與煩的反應。

因此，越能規畫好小步驟的人、越是不以遠大的目標來自我要求的人，計畫或任務成功的可能性往往越高。就如爬山，能好好穩住每個步伐的人，登到山頂的可能性最高；而一開始就想要立刻攻頂，或快速完成的人，往往難以堅持到最後。

所以，若是知道自己的問題難處理，或了解其複雜程度高的話，請分化、分解出

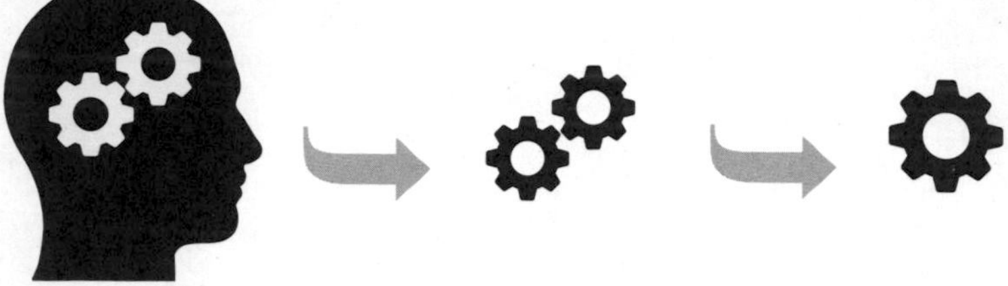

將事物分化、分解成一個個小單位，或設定成許多小單元，讓自己從能先處理好的小範圍著手，而不求一下子擺脫，是處理複雜及混亂的好方法。

一個一個小單位，或設定爲一個個小單元，讓自己先從能處理好小範圍著手，而不求一下子擺脫；同時，也不以過去的經驗，直接推論到現在的情況，認定自己現在只能如同過去一樣反應。

自救行動5

學習辨識與覺察自我主觀及不理性的認知模式

所有的遭遇或情況，都需要我們辨識和釐清是否爲客觀事實。

面對環境或別人的評價與否定時，你需要先練習爲自己建立一個篩選器或濾芯，也就是設立一個內在防護網。你的內在空間，就像是你的房子內部，在這個範圍內要放進什麼、不放進什麼，都是由你這個主人決定的。

如果你的內在沒有篩選器，你的內心，就會堆放非常多用不到的東西，或是許多有害物質。若是這樣，你的內在不可能感到放心、安心。所以你的內部空間要放入的，最好是能對你的生活帶來益處，能讓你過一個有機、有能量的生活環境的「好東西」。

這世界上的人大不同，所以觀點和角度可以有很多種可能，我們不可能什麼都收、什麼都接受，因爲我們也有自己的觀點，和自己的立場與角度。所以，我們不需要像小時候一樣，因爲覺得自己很弱小，所以大人（權威）說的話都要聽。我們可以依照自己的思考和感受，以及對事件的立場，釐清自己的觀點；同時，也學習接納不同觀點和角度的存在，試著了解每個人都只能看見一片風景，沒有人擁有全景的視野，所以我們才需要相互討論和溝通交流，如此才能趨近眞實的全貌。

他人的指責和評價，也是從他個人的經驗和角度出發，並不代表他說出來的話，就是聖旨或是眞理。我們應該冷靜地試著去思考看看他所說的，其中有多少是能認同的，有多少是不能認同的；以及爲何認同？爲何不認同？另外，也需要試著思考出自己的看法、立場，或是根據。

一般來說，我們越清楚自己的想法，就越能面對別人的質疑或不同意。但是，若我們忽視了解自己，也找不到對自己的認同，就會迷失在他人的評價和觀點裡。

事實上，別人的說話和表達，有他們自己的風格（包括情緒表現和用字遣詞），我們無法控制他人都使用我們可以接受的方法，來提出他們的建言或意見。所以，試著認識他們說話的風格，卻不需要被他們的說話風格影響，然後試著洞悉他們話語中，眞正要表達的內容是什麼，再思考這些內容是否是你同意或需要。如果你不認爲如此，想想你的看法和實際可因應的做法是什麼。

如果，當中有你覺得能幫助自己思考和改善之處，可以進一步請教或是提出討論；但重要的是，不要在這段過程中，無意識與自動化地抨擊和羞辱自己，那只會令自己陷入無明黑暗中，再度不可自拔。

正確思考，比正向思考還重要

我自己在接觸許多學員和諮商個案時，時常會聽到他們心中自動出現的內在獨白，這些獨白常不經過澄清和思辯的過程，以固定的思維方式，一旦認定了什麼，就非往那個自動化思考的死胡同鑽不可。

如果試著探究原因，不難發現，在我們文化與家庭中，乃至於學校教育和職場環境，處處都有失去思考能力的人，他們通常以獨斷的、絕對的、極端二分法的方式，去解讀和論斷周圍環境的事件，並以偏頗的、扭曲的方式看待自己。這也是許多人不自覺深陷在糟糕負面情緒的原因。

一旦那些自動化且主觀的認知啓動了，我們便會在無意識的情況下，掉落在情緒汪洋中浮浮沉沉，而且還不知道自己爲何「情緒那麼糟」。

根據「理情行爲治療法」（rational-emotive-behavior therapy, REBT）的理論（一九五〇年代美國臨床心理學家艾伯特．艾里斯〔Albert Ellis〕所發展出來的一種心理諮商理論）：造成某種情緒的原因，通常來自對事情的看法或想法（一組固定的認知信念），若能先覺察究竟是哪些想法左右著我們的情緒，就較有可能將這些想法加以駁斥或鬆動，以調節並安頓我們的情緒。

讓我們陷落在糟糕的負面情緒不可自拔的原因，正是我們以偏頗、非理性的想法，來因應外界的環境，並且主觀地以自我角度判斷並認定事件的現象，不顧及合理性、客觀性及現實感，所以產生脫離事實的負面情緒歷程，同時讓我們陷落於此循環裡。

舉例來說，我們可能具有的非理性想法包括：

- 一個人應被所有人喜歡和讚許，才是一個成功的人。
- 一個人必須能力十足，各方面都擅長，才是眞正優秀的人。
- 當事情不順利的時候，是很可怕的，也代表我很悲慘，我是很無能的。
- 不幸福、不快樂都是別人害我的，我是沒有決定權的。
- 我必須時時刻刻憂慮及小心翼翼，才可能注意壞事是否再次發生。
- 一個人的力量很單薄，一定要找一個比自己強大的人來依靠才安全。
- 都是過去經驗的傷害和影響，導致我現在這麼淒慘，什麼都無法改變。
- 我們應該爲別人完全付出，時時刻刻關心別人，這才是一個善人該有的表現。
- 人生中的每個問題，都有正確而完美的答案，一旦得不到答案，就會很痛苦。
- 如果我愛的人不聽我的、不照著我的期待走，我就是一個失敗的愛人。

以上這些非理性思考，都具有幾個特性：「絕對的」「應該的」「非如此不可的」，以及「決斷的」。人們內心的壓力與受壓迫的感覺，正是來自於失去彈性的自己，這種「必須」「一定要」的想法，使人沒有選擇權，沒有調動的可能，當然也變得硬梆梆的，而且固執到無法和外界協調互動、找到平衡點。

所以，才會有這樣的一句話出現：「人，大部分都是被自己逼死的。」

認知治療的另一位代表人物——貝克醫師（Aaron Temkin Beck），則透過觀察與治療憂鬱症患者的經驗裡，發現憂鬱症患者的自動思考偏向於消極，會認爲自己「什麼都不可能改變」，並且存在著「認知歪曲」。這些認知歪曲，會使一個人反覆陷入同樣的情緒漩渦，並且從情緒漩渦中，更加深無能爲力的沮喪感或痛苦感，只能受情緒的糾纏及呑噬，無法跳脫出不同的反應模式。

貝克醫師透過協助憂鬱症患者進行更現實的思考，讓他們能掌握好的情緒感受，並有更符合現實的表現行爲，讓他發現了認知治療的一個關鍵理論：**不同的心理障礙和不同種類的認知扭曲有關**；無論何種心理困擾，認知扭曲都對我們的行爲及情緒有負面影響。

所以，我們都需要學習客觀地從問題和情境裡，合理地歸納原因與面對它的解決策略。人生的問題，不會只有一個出口，而是總有許多選擇、許多門和通道。但往往

常見認知歪曲的特點

特點	生活情境的想法反應
擴大與貶低	過度強調負向事件的重要性或影響力。例如：「我這一次考核不夠好，我一定完蛋了！主管一定看我不順眼。」或是：「我再怎麼努力也沒用啦！我從國中開始成績就不好，註定一生失敗。」
選擇性推論	忽視整體性，只以片段事實來下結論，忽略了整體內容。例如：「雖然這次和朋友出遊真的很好玩，也有快樂的記憶，但我不小心說錯了一句話，他們可能認為跟我出去玩糟透了！下次應該不會再找我了。」
個人化	認為外在的任何事情都與自己有關，因而產生關聯的一種傾向。例如：「今天晚上去參加聚會，我不太會分享，說話的內容無聊死了，很多人看到我的呆樣，一定都在暗自嘲笑我！」或是遇到下雨天：「我就知道老天是針對我，只要我出門，就會下雨來讓我不順。」
極端二分法的思考	指思考或解釋事情時，以「全有或全無」，或「不是……就是……」的想法，將經驗只分為兩類。例如：「如果我無法在每方面都表現得出色，那麼我就是一個表現不好的人，別人就不可能會喜歡我。」

過度類化	將某件事情的結果，推論到不相似的事件或是環境中。例如：「我畫畫不夠好……做什麼美勞活動一定也做不好……我註定是個藝術白痴！」
獨斷推論	指沒有充足或相關的證據，就妄下結論。例如：「昨天我到培訓班上課，同學都沒有熱情地跟我打招呼，他們一定是不喜歡我，不然就是我一定有什麼地方得罪他們！」
災難化	針對所擔心的某事件，加以誇大渲染成讓自己極度恐懼不安的想法。例如：「大學考不好，這輩子就完蛋了，死定了。」或是認為：「在公開場合說錯話好丟臉，我一定被全世界笑死了。」
強迫、強制性	對別人有絕對性的要求或期望。諸如「我必須通過考試」「別人必須照我的方式去做」「我必須把每件事做得盡善盡美」「我的表現一定會受到別人讚賞」「好的老師上課時，一定不能有學生說話」「你絕對不可以這樣」「我絕對不能輸」「我沒辦法應付」等等。

參考認知療法，出自《諮商與心理治療：理論與實務》

人們無法開啓不同的門、找出不同的通道，是因爲我們自己局限自己，用固定框架和自我的主觀邏輯，觀看及解讀生活的處境與問題，而無法更加了解事實、分析情勢，並爲自己想出可能的ABCD選項，讓自己能擁有彈性思考與彈性選擇的機會。

別落入習慣壓抑與忍耐，忘了自己的思考力及行動力

越是自覺無力思考、難以發展多選項的解決策略，這樣的人越是對現實問題的選擇感到無能爲力，不僅變通性不大，可選擇的策略也非常少。

爲自己「想辦法」的思考力弱，只能以壓抑及忍耐因應的人，常淪於一逕抱怨、埋怨，透過反覆傾倒情緒壓力的方式，不斷忍受、壓抑，卻沒有思考及行動力做爲搭配，好讓自己找出其他的解決路徑。

很多事情，不要埋怨太久，也不要「習慣」了用埋怨的方式來因應。

因爲埋怨並不會眞的調整情況，也不會眞的處理和解決問題。更多時候，埋怨會讓我們深陷在主觀、未經過澄清的非理性自我解讀中，想像自己的受害及受傷。

如果，我們不想讓埋怨的過程太長，使之造成個體的傷害（無力感、精神耗弱、循環的感覺很糟），那麼最好的四個步驟就是：

一、意識到自己的埋怨，並給它一個界線，知道自己最多只能說五分鐘，或最多說三次就好。這意思是，別無限循環，逢人就說一次，或是自己內在不斷播放埋怨的言詞，這些失去人我關係界線的狀況，也會讓自己開始進入內耗。

二、意識到自己在埋怨。給自己一個埋怨的界線之後，開始眞正地去釐清問題。你可以試著去請教他人，例如有經驗的人，或是從不同的角度和觀點去了解大家不同的說法和看法。這種多角度理解及觀看的方式，不是爲了要找出正確答案，也不是要辯論出誰對誰錯，而是爲了拼湊出一個事件中，可能趨近於全貌的模樣。這個過程，是讓我們自己能練習，不只從自己的單一觀點，進行主觀的判斷或解讀；因爲我們內在的想像，大部分不會是外在的客觀事實。

三、覺察及辨識自己是否有一些固著的、沒有彈性的、截然的、不容討論的認知想法，以絕對式的觀點出現（例如：如果不是……那一定是……），或是任何一種

「歪曲的認知」。如果有，那麼就要協助自己採取更符合現實感的思維，停止自己的自動化思考，及自動化的情緒引發。

四、收集也好、試著請教也好，從不同觀點及說法之間，尋找是否有交會點，也就是共識點。在極端的兩個視角中、在完全不同的位置上，看看如何能找到我們可以合作，或是可以共同解決的部分。不需要全面性一次解決或完美化解，而是從小部分調整中，獲得自己可以去因應、改善，或是處理的「使能感」（empowerment），以累積自己面對和處理的正向經驗，也增加對自己的信任和信心。

好好地觀察周圍埋怨的氣氛和情況，你會發現：抱怨紛飛、人際充塞烏煙瘴氣的環境，往往是無力感最深的地方。如果一個個個體或組織，想要終止無力感蔓延，或要處理無力感所造成的內耗，那麼就要有意識地終止以埋怨相互對待，或以埋怨做爲情緒發洩的轉移方法，並眞正地思考有力可施之處，與眞正的可行動策略，那才是我們蓄存自我效能感的好方法。

保持觀點的彈性，鬆動主觀固執的角度

如果深陷在自我主觀的認定，及不理性的歪曲認知裡，要思考出眞正有力可施的行動策略，幾乎是不可能的。因爲再怎麼思考，都會陷落在「爲什麼會這樣？」「爲什麼要發生在我身上？」「爲什麼要這樣對我？」或是進入災難化和個體化的思考模式。

爲了不要被歪曲的認知模式綑綁，而陷在負面情緒的流沙中動彈不得，在大腦的運作上，我們需要練習換位思考，或心理位移；也就是不固守在自己的角度，來觀看問題及解讀情況，而是試著從對方的位置，回看同一個情境，看看對方會怎麼想？怎麼感受？

也可以自己試著坐在第二人（類似自己的陪伴者）的角度，重新敘述這個事件、這個問題。再以較遠距離的第三者角度，以報導的口吻，說說原來位置上的那個自己，遭遇了什麼問題、面對了什麼處境，而目前周圍環境和個人之間，究竟發生了什麼事。

透過在大腦中進行位置移動，我們可以避開固守在自己位置時的目光如豆，只盯著自己某種糟糕情緒做文章，淪陷在自己的思考解讀和情緒糾葛中，不可自拔。

只要我們的觀點可以移動，只要我們可以試著從不同角度，來觀看同一件事，我們一定能超脫原本的主觀認定，擴充自己的思考面向和範圍，不再只針對自己，或不斷針對某個過不去的點。

自救行動 6

學習建立穩定自尊：自我認同及尊重

生活中，狗屁倒灶的事還眞不少，許多事情來得沒理由，不然就是不斷地重複發生，除了忍耐，還能如何呢？這就是大部分的人面對日常生活的態度。

諸如：不負責任又喜怒無常的主管、懶散拖延的下屬、跋扈自私的同事，或是老會欺負人、評論別人的前輩，還有那怎麼溝通都溝不通的家人，除了像是鬼擋牆般找不到解決的出路，還像是無盡的輪迴，每日都在發生。

這種情況久了，不僅情緒壓力爆表，同時還會感覺到一種很深的無力感、厭倦感。長期下來，除了情緒的糟糕感受與日俱增，甚至是與「秒」「劇」增，根本到了忍無可忍、到了一定要隨時「抓人」來大吐苦水一番的程度。這就是埋怨循環啓動的開始……

太習慣忍耐和壓抑的後果

你有沒有發現：其實許多人對於自己無法接受或不知道怎麼因應的情況，大多先以「忍耐」和「壓抑」來面對。有時候，這種忍耐和壓抑是因爲自己被這樣的情況嚇到了，驚恐之下，行動能力也當了機，不知道該怎麼處理才好。

另一種忍耐和壓抑，是因爲對於人際互動有太多的擔心和害怕：怕得罪人、怕不被他人喜歡、怕惹到別人而遭到攻擊、怕後果變成自己遭殃、怕自己失控、怕自己被人批評……因爲有太多對於人際「是危險的」不安全感，所以不論發生什麼情況，先忍、先壓抑情緒感受再說。

還有一種忍耐和壓抑，是從小就開始的，可說是長久的習性，也可以說是被制約的結果。如果說，以忍耐和壓抑來面對人際互動，是一個人的習性或自動化反應，那麼有很高的可能性，這反映了他童年生活的處境：必須要忍耐外在的情境，必須要壓抑自己的感受和需求，也必須無聲地忍受環境加諸的任何對待。

忍耐和壓抑，造成的其實是內在的壓力。若把內在的情緒累積，比喻成一座水壩，那麼忍耐和壓抑等於只蓄水，卻不洩洪，一旦蓄水量超過可容納的警戒線，那麼隨時都可能有潰堤，引發大洪水發生。

若是一個人並未覺察內在情緒容量目前的情況，那麼他的情緒可能已經累積到危險的警戒區而不自知，就很容易出現情緒失控、隨時都在宣洩情緒的狀態。這是因爲他的情緒早已滿了，卻始終未好好的清理、傾洩，只好讓自己周而復始地處於情緒滿載的邊緣，並透過不耐煩、易怒、不高興、煩悶，以及向人訴說痛苦，稍微舒緩滿載的壓力。

無力感的長期塑造

但其實，那些表面上讓情緒獲得舒緩的行爲，只是一瞬間的發洩，內在並未眞正調適出一種安全、平穩的狀態，來面對自己的處境和環境。所以一再循環之下，當個體面對狀況，卻始終未能眞正獲得新平衡與新的因應方式，就會因爲內在精神的耗弱，開始累積無力感和挫敗感。

那麼，接下來，我們就要思考：無力感及挫敗感是從何而來的？

事實上，很多人在長大後所感受到的無力感及挫敗感，其最早的塑造源頭是在童年；也就是說，早在童年時期，在大人的對待及環境壓制下，個體（一個小孩）就已從生活經驗中學習到「無力感」，也累積了「挫折感」。

什麼情況下，大人的對待與環境的壓迫，會導致一個孩子不斷地累積無力感及挫折感？

那就是一個沒有鼓勵和肯定的環境，也沒有引導和協助的環境；甚至在這個環境中的大人，呈現出來的也都是一種「無助」及「無能爲力」（像是認命的態度）的感覺，這都會讓孩子在潛移默化中，學習到以無能爲力和無助來看待自己、面對這個世界。

華人家庭中，由於高壓和權威使然，許多情況都會讓孩子必須活在壓抑和忍耐中，慢慢被折斷羽翼，不允許經驗屬於自己的能力。家庭和社會，也都禁止孩子嘗試和接受挑戰，要他們聽話、配合環境的需要。久而久之，孩子就像是被割掉聲帶、打斷骨骼、鏈住四肢的傀儡玩偶，不再有自己的心靈，也不再有自己的意識。

而長期被塑造成傀儡玩偶的個體，即使長大了，也不會相信自己能夠自由展現自我，並懷疑自己的能力和信心。

當一個人對自己有越多懷疑、越多不相信；或越是認爲自己只會搞砸事情，只會讓情況變得很糟，那麼他就越會變得動彈不得，無法向前一步去因應，反而想退後一步，轉身逃開。

埋怨，則是因應這種害怕眞實面對、恐懼衝突壓力所僞裝出來的攻擊行爲。埋怨，表面看起來都是批評和指責，類似於一種攻擊，但這種攻擊，卻是以替代者來做爲情緒發洩的標的，而不是眞正去面對眞實引發焦慮及衝突的對象。

所以才有「老闆罵男人、男人罵妻子、妻子罵孩子、孩子踢狗」的笑話，來說明人們總是找代罪羔羊、情緒總是轉移至他處發洩的現象。

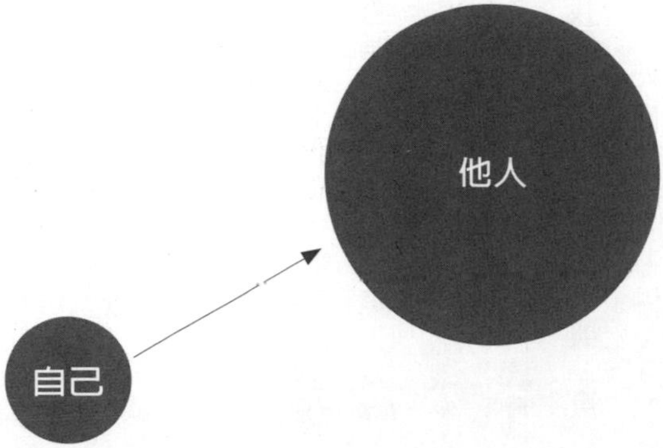

以上下階層來看待關係的人，會不自覺地自我矮化，同時也放大他人的權力。

忍耐與壓抑下的自我忽視及卑微心態

我們可以探討一下，什麼情況讓我們必須只能忍耐和壓抑，而不能溝通和表達？甚至覺得自己沒有權利爲自己說明及表達什麼？

有一個很大的原因，是我們先將自己卑微化了。面對別人時，不自覺地矮化自己，覺得別人都是比自己位階更高、更有權力的人物，是必須順服的對象。

當我們無法肯定自己的存在時，便無法喜愛自己，也尊重自己。不自覺地，當我們看待外界和他人時，就會放大他人的地位和權力，甚至覺得自己有義務和責任去滿足對方。當無法讓對方滿意時，我們內心會更感覺到受傷及洩氣，同時又無法爲了自己的自尊和立場，做出適當的回應和表達。

自尊低落的人，通常都有過於在乎別人眼光和評價的傾向。他不知道如何肯定自己，也時常懷疑自己的存在價值，於是，他只能夠透過表現及努力爲別人做事，從別人的神情、態度反應中，來察覺自己是不是一個值得存在的人？自己在別人心中是不是一個夠好的人？

把我們個人的存在價值，建立在別人的評價和反應上，這是形成自我認知的一個過程。從「周哈理窗」（將一個人的內在分爲開放我、盲目我、隱藏我、未知我四個區域，進而增進自我認識）的理論來說，我們都需要他人的回饋和開放的自我揭露，才能充分地認識自己。因此，我們確實很難完全不理會他人的反饋及評論，因爲這是我們認識「未知我」與「盲目我」的一條重要管道。

然而，若是一個人只重視他人的反饋或評論，卻沒有對自己深入地了解及認識，那麼他就很容易迷失在別人的意見中，不僅無法辨識那些言論是不是能代表自己，還會淪陷在以他人的看法，做爲對自己的認定及評價的陷阱中。

特別是，有高自尊需求，卻處於低自尊狀態的人，他們不僅很在乎和介意別人的反應及看法，也容易放大沒有被肯定的感覺，而深覺受傷及自卑；還會埋怨環境不給機會，或其他人都在打壓他、剝奪他的光環。

我們多少都遇過有這種反應的人，也或許我們自己正是這樣的人：容不下別人的意見，也忌諱聽到任何人點出自己行爲及處事上的問題。

穩定高自尊的建立

如果我們要有穩定的高自尊——成爲有穩定自我價值感的人，那麼很重要的一項鍛鍊，就是練習自我認同及尊重自己。例如，當別人說出意見，或需要調整與改善的地方時，擁有穩定高自尊的人不會因此否定自己的價值，也不會因此覺得自己很差勁、不夠好。他能試著客觀地接受別人的想法或意見，也會將別人的想法和意見，視爲一種參考及可能性，而不是批判和論斷。

所以，擁有穩定高自尊的人，不會害怕請教別人。他們不認爲請教別人，或聽聽別人的意見，是什麼顏面盡失的狀況，也不會很快就把將請教別人視爲惹麻煩，或代表自己不夠好的表現。

當你是一個不穩定自尊的人——有著高自尊需求，自我狀態卻處在低自尊時，你需要採取有效的方式，爲自己建立自尊，並學會將事與人分開，不將事情的缺失及不順遂，等同於自己的不好和糟糕。並且懂得肯定自己在過程中的付出及貢獻，不以結果好壞「絕對性」地認定爲自己的價值：有好結果才說自己「好」及「成功」；要是有壞結果，則說自己是「壞」和「失敗」。這種以結果來絕對性推論自己價值是好是壞的傾向，很容易將自己的價值感置於忽好忽壞、忽高忽低的不穩定觀感中，對自己的滿意度及喜愛度，自然容易陷入不穩定和評價兩極的起落中，面對得很辛苦。

高自尊者往往傾向於追求高成就及高尊重。但「穩定高自尊者」的成就感和尊重感，奠定於內在自我，擁有安穩的自我感受及自我價值肯定。穩定的自我觀感及價值感，讓「穩定高自尊者」即使遇到挫折或人際關係的問題，都不會衝擊對自己的觀感，而能直接且平穩地去面對問題與解決衝突。

由於不容易傷及自尊，「穩定高自尊者」並不害怕面對自己的失誤和不足，反而有勇氣去改進或修正做法。

但是，「不穩定高自尊者」的高自尊需求，要依賴環境的供應及回應，也就是必須讓他感受到自己受到尊敬、尊崇或是擁有獨特的重視，才能維持他的高自尊狀態，否則他的高自尊就會像空洞的外殼，將受到嚴重的打擊而消散。

這便會衍生成「不穩定高自尊者」的挫敗和易怒反應，不是開口怪罪及怨懟他人，就是暗地裡感到挫折神傷。

我們的自尊，決定我們內在的安穩程度，也決定我們對外能否安然自在。穩定的高自尊，不僅能減緩內在受傷的發生率，也能給我們足夠的內在力量，面對外在的挑戰。擁有穩定高自尊的人，才會樂於看見自己成長與提升。對自尊穩健的人來說，這世界充滿許多可能，不去試試怎麼會知道，因此不會先把結果預設成負面的，再阻攔自己嘗試。

當我們的自尊穩定、擁有一定的水準，那麼我們就可以成為穩定支持自己的人，並成為自己最忠實的陪伴者，而不是花費大把力氣，希冀他人的認同及博取他人的同情。如此一來，我們的人生就會有更多能量、更多空間，眞正地用來完成自己、實現自我。

自救行動 7

允許自己強壯，不再幻想拯救者出現

如果，你確認自己已是一名成年人——雖然尚須歷練自己的處事爲人，但基本上，你已是法定的「成人」——這就意謂著，你的所作所爲，都將由你自己負責及承擔。

這同時意謂著，關於你的人生，已不再是你父母說了算，而是你說了算。這是你爲自己的人生負責，也自己承擔所做選擇要付出的代價。

但要能有「我說了算」這樣的氣魄，背後所經驗的歷練與煎熬，絕對是艱辛且不容易的。其中一個重要的歷練是：不再幻想有誰會來拯救及保護你免於受到痛苦和傷害。此外，還要練習給自己一個承諾：「我不會讓你經歷不必要的傷害，也不會對你的受傷置之不理，我會保護你、照顧你、不再忽視你、置你於不顧。」

如果，你肯定地給自己這份承諾，不再任由自己經歷那些故意的傷害——無論是身體的，還是心理的，你就不會再有意無意地以忍耐和壓抑，做爲不致失去關係的做法和交換。

在關係中，若讓你承受不屬於你的怪罪、不該有的暴力侵害，或是對你故意的貶抑及侮辱，你都有權利請對方停止，並爲了自己的人身安全與心理健康，拒絕對方施加於你的行爲。必要時，可用離開或保持無法接觸的距離，保障自己的身心安全。

懂得終止惡性關係模式的循環

不要習慣在關係中受傷。這是一個很壞的習慣。你可能會說，也許對方不是故意的；你也可能會替對方找理由說，他只是心情不好才會這樣；甚至你會扭曲自己，認同對方而自貶地說：是我自己又差勁又糟糕，他才會這樣對我……

這些合理化的理由，無非是說服你自己：不要去感受自己的感受，也不要嘗試去維護自己免於受傷。

你已是一個成年人，你要相信自己有能力去區辨，什麼是故意的？什麼不是故意的？什麼是對方在表達他的感受想法？什麼又是對方在漠視及貶抑你的感受和想法？

你並非仍是個孩子，還弄不清「不小心」和「故意」之間的差異。

所以，對於那些故意的，甚至是包裝在美麗糖霜底下的毒物（毒言毒語），你的確是有權利保護自己的。不接受就是不接受，不需要由外人來決定你該或不該承受。沒有任何一個人，有權利支配你或指使你，應該去接受外來的攻擊和危害。這是我們過去在父權及階級的傳統文化下，似是而非的錯誤觀念（例如，我是主管，我就有權謾罵你是笨豬、白痴）。

所以，從重新賦予自己權利開始，你有權不受侵害、你有權不受侮辱、你有權不受支配、你有權不受貶抑、你有權拒絕對你有危害的要求、你有權保護自己的生命安全。

成爲自己可以信任的保護者

你相信你能保護自己，也相信自己在關係中的反應和選擇是自由自主的，你才可能安心地待在關係裡。因爲你知道，進入關係後，若遇到衝擊或傷害，你會帶自己離開或終止這段關係。反而是担憂自己一旦進入關係後，便只能任人宰割、只能被關係綑綁、被迫傷痕累累，卻難以離開關係的人，才是最害怕「有關係」的，當然也無法以開放的態度面對關係。

相信自己能保護自己，你的內心才能成爲你的安全基地。即使在關係裡受傷了，在內在基地裡，我們的內在安全仍不會輕易遭到侵擾和傷害。我們的「自我」，不會因爲關係的挫折而支離破碎，也不會再輕易地因爲他人的傷害，而反過來更加傷害自己。

我時常看見困在人際關係傷害裡的人，他們恐懼和擔憂對方的反應或逼迫，因此寧可採取息事寧人的態度，並且任由對方侵擾。若從這樣的反應來看，他們其實有更深層的恐懼，也就是對自己有能力保護自己一事，感到不確定。在他們的想像中，只要對方吼叫、羞辱、威脅，他們就會被自己強烈的恐懼感壓制，根本無法行使什麼可行的行動策略，好知道可以爲自己做點什麼，以遠離危險。

說穿了，他們太習慣委屈自己、漠視自己的感受，甚至太習慣處於驚嚇中，無所作爲，因此在遭到威脅及恐嚇的情況下，他們只能期待有什麼人會出現、解救他，而不是自己可以有能力及勇氣解救自己。

允許自己強壯，不再弱化自己

一個人什麼時候，才能激發自己的潛能、成爲一個強壯的人呢？

請注意，心理的強壯與外在體型及性別無關。不因爲我們是女性，就一定是弱者，或是因爲我們個子矮小，就一定是弱者。歷史上已經有很多勇者或是成就自我的人證明了：心理的強壯，來自於你知道要鍛鍊自我，而不是希求環境中他人的拯救及補償。自己要成爲什麼樣的人，由自己成全，我們才能不再處於等待的位置上——始終在等一個人，來允許我做我自己，並爲我實現想過的生活。

把自己的力量拿回來，這是自我在成長歷程中，非常重要的學習。而開始的第一步，從你的「意識」改變，願意告訴自己：**「我允許自己成長及強壯，成為我自己最重要的保護者。」**

自救行動8

為自己建立足夠的內在安全感，擺脫弱化自己的習慣

當我們在對應人際關係時，請省察自己的內心吧！你的不安全感所在，就會引發你的威脅感和恐懼感，在反覆的不安下，人類會出現強烈的焦慮反應，深怕在人際關係裡受到傷害。

那種深陷在人際互動的不安，最會引發我們害怕被討厭、被拒絕的感覺。那種害怕被厭惡、被排拒及孤立的反應，是屬於內在的童年陰影，是我們內在小孩最無助的感覺。但這樣的感覺並不是事實；事實是，這種感覺，不會眞的要你的命，也不會眞的威脅你的存在和擁有，而是你內在的恐怖想像，把這樣的人際衝突與對立，直接解

讀爲自己會沒命、會完蛋、會無法在這個世界生存……

請試著理解，這世界很大，有人會討厭和拒絕你，也必然有人會接受和喜歡你。你不需要追求被所有人喜歡的境界（這是不合理的想法），你也不需要認定自己會被所有人討厭（這也是不合理的想法），而是在這些可能性都存在的現在，如何達成你內在的平衡和自我認同（自己所認識的自己），不再無意識地陷落在他人的眼光和評論之中，認不得自己，也失去自己的能力感。

許多人都有這樣的疑問：爲什麼心理專業工作者常常提到「要接納自己」？或是，雖然了解到要接納自己，卻對「接納」是什麼一無所知。

就我們的文化面來說，「接納」並不存在於我們的日常生活中；更準確來說，我們可能從未經驗過「接納」是什麼！

然而，「接納」卻是我們安穩地成爲眞實自己的必要過程，也是我們學會愛自己的根基，更是我們得以安全生存於這個社會的關鍵。

一個人，若對自己身上擁有的個性、情緒、想法、經歷、遭遇、外表……無論什麼方面，心中都有一種拒絕和厭惡的感覺，甚至起了排斥心，那麼可以試想，他和自己的關係，接下來會變得如何？

他會試著隱藏自己、覺得自己不配存在、沒有資格感到快樂或幸福，並經常性地懷疑和否定自己。他的大腦，會無時無刻產生一種對自己的神經性「過敏反應」、排斥關於自己的一切，心想：要是自己可以變成另一個人或換個形象，該有多好？即使自己很努力要改善自己、追求自我提升，還是常常會爲了一些自己不能接受自己的部分，感到洩氣。

這種自我厭惡與排斥的心理反應，足以把一個人逼向自我毀滅，或自我傷害的絕境。因爲他的內心，覺得自己就是問題本身，要解決自己生活的問題，就必須解決掉自己。

因此，自我厭惡和排斥的人，無法經驗內心的平靜和安穩。他的內在有一個聲音，時時刻刻批判他、指正他、要求他，心裡就像有一列嘈雜且不停行駛的火車，始終在內心呼嘯。這樣長期運作下，人的心理空間必然處於焦慮與煩躁中，反覆飽嘗痛苦。

接納，愛自己的基礎

當然，這也會離「愛自己」及「存在的安心感」的方向，越來越遙遠。

「愛自己」的內涵裡，有「好喜歡自己」的一種感受，同時也含有肯定自己、支持自己及接納自己的內在力量。也就是說，雖然人生有挫折，也有各種遭遇，不論我們喜歡的或不喜歡的，都會出現及發生，但我們不是用經歷過什麼來定義自己，而是在自己通過這些經驗和遭遇後，選擇如何定義自己。

如果你對自己有情有愛，有接納有支持，即使是逆境或是痛苦的歷程，你也會選擇不放棄自己，把自己視爲要付出愛的重要對象。因爲對自己有愛，你會希望看見自己喜悅、幸福、實現自己的願望，也守護自己的存在。

但若是對自己的生命沒有「接納」，也不具「支持性」，那麼，「愛自己」的體會，可說是一種無法觸及的距離，或許也沒有機會可以經驗到：完整成爲自己、接受一個不完美的自己，究竟是什麼感覺和體悟？

愛自己不是口號，也不是物質滿足

在「愛」是什麼越來越模糊和混淆的現代，再加上物質生活的鼓吹及氾濫，很多人可能迷失在以爲愛自己，就是滿足自己物欲的需要，或是不顧一切地任欲望去及時行樂。然而，即使物質擁有不少，外在的行樂活動也很多，但只要面對自己、感受自己，那些糟糕的感覺——覺得自己不夠好、不夠優越的感覺還是會相應而生。

也有些人，不僅毫無想關注的興趣，好去感受並了解自己內在的狀態，更是覺得只要面對自己，就是件很煩很累的事。

爲什麼煩或累呢？因爲只要停下來稍微回看自己一會兒，就是滿心的厭惡和排斥感，覺得自己卑微；或是和別人相比之下，覺得自己沒有成就感的負面情緒，總是無法招架地排山倒海而來。

「愛自己」不是口號，也不是物質滿足；雖然你曾經如此誤以爲。你也很可能會用能否滿足自己的物欲和其他欲望，來評量他人是否夠愛你。

但是，那些物欲的擁有，或是欲望的滿足，並不能讓你感覺到愛的存在；反倒是一種從心理飢餓的空洞感衍生出來的生存焦慮及空虛，亟需看得到的物質及享樂來填補。卻不是從內在深處所滋生出、對自己的寬容及接納、支持及欣賞、愛惜及呵護。

如果採用與前述完全不同的方式來對待自己，回饋給自己的，將是完全不同的後續效應和結果。物質及欲望的滿足，只會像個內在黑洞，永不滿足、永遠怕沒東西可填，也不知道自己到底哪時候才會真的滿足。而內心對自我生命的接納及肯定，則會回饋給你真實存在的安心和平靜，讓你繼續安穩地經驗並完成自己的人生。

安全感，從真心實意接納自己開始

真正的安全感，從相信自己的生命價值感開始。

建立內在安全感，需要從接納開始。那麼，究竟要如何開始？如何進行？

你或許可以先想想，你至今曾經深愛過的人或任何生命，也許是貓狗，也許是花草植物。只要回想起曾經有如此單純的一份愛，沒有要求、沒有標準期待，沒有非要怎麼獲得報答不可的心意，就只是喜愛這個對象原原本本的樣子，那麼，這一份最單純的情感，就是一份接納；接納這生命原本的呈現及存在，讓生命有屬於它原本被創造的那一份美好。而不是硬要被誰扭轉，或接受誰的控制及操縱。

別讓批評和否定，成爲你對自己的習慣。也別把理想性的高自我要求，和對自己的不滿意，當做自己前進或提升的動力，那只會讓你淪陷在害怕自己不夠好的漩渦裡，同時讓你不停地不斷強迫自己、鞭策自己，要求自己必須完美（即使根本沒有「完美」這件事）。

愛自己的練習，每天都可以累積。站在鏡子面前，或使用手機的自拍模式，不以挑毛病的態度對自己，也不急著找自己的缺點，而是好好的面對著這一個「人」，想讓他知道你有多愛他、多喜歡他。

你會以什麼樣的口氣和語句，來看著他、對他說出充滿溫暖及接納的話語呢？

也許是：**「即使你不完美，仍是我最愛的人。」**

或者是：**「我接納你，沒有條件。」**

也可以是：**「即使別人不理解你，也不珍惜你，但我會堅持，不放棄你。」**

你也可以用自己能接受的語句試試對自己說，但請記得，說出來的詞句和口氣，要是溫柔及堅定的，是要眞的能打從心中感受到接納的，並眞實感覺到自己支持自己的安穩。

每天對自己說「我愛你」，既不用花錢也不須費力，還好處多多。如果你仍然抗拒，那麼你需要深思：在內心潛意識裡，阻礙你愛的流動的記憶是什麼？又是什麼樣的認知和觀念，使你如此不願意對自己表達一些關愛和友善呢？你究竟在抗拒什麼？還是在恐懼什麼？

對自己有穩定的愛，我們的內在才可能有穩定的生存安全感。因爲無論如何，都會選擇愛自己、成爲自己最重要之人的，只有自己；除此之外，還有什麼人能帶給我們這樣的安全感呢？

接納自己後，對自己心懷感激

閱讀到這裡，你是否能充分地感受到：過往的人際傷痛，及情緒的痛苦，都不是爲了毀滅你，或讓你淪陷在對自己的厭惡和否定中。

而是要讓你有機會辨識出你所受的制約，和無意識間累積下來的內在模式，好讓自己能有所覺醒。沒有痛楚，人就不會受到震撼及衝撞，也就難以醒覺，了解到我們不是活在楚門世界的演員，而是自己人生眞正的主人。

感謝過往那些因應生存處境的性格和反應模式，沒有那些模式，你可能無法存活下來；但是，人生給我們不同的歷練及情境，讓我們有機會解構並重新建構爲更加成熟，也具有更彈性的生活態度，讓我們整合人格及自我。

別讓過去的情緒陰影及情感傷痛，成爲支配你如何過日子的指令；而是試著讓你過往的遭遇，成爲你生命的一種「經歷」和「歷練」，然後相信自己還有機會發展出具有更多不同力量的自己。

在經歷過各種人際傷痛及傷害之後，我們當然還是可以選擇善良。這樣的善良，是建立在了解這眞實世界的殘酷和複雜性之後，爲了完成自己崇高的精神力量，與完整的自我，所做的選擇；不是爲了要討好別人，或是要符合制約，所自動化反應出來的「應該」教條。

當你有保護自己的能力，並給予自己內在安全感，那麼你就不會受困在別人會不會滿意、會不會喜歡的牢籠中；而是爲自己堅定起來，選擇自己要成爲什麼樣的人，並爲此付諸行動。

總結

生活會有壞感覺，但你仍可以活得自由

我們的童年都有傷痛和失落，因爲我們都沒有完美的童年。

而很多情緒按鈕、情緒刺激會被引發、引爆，或在後來的人際情境裡再度重演，被複製，也多半來自未眞實療傷的早年人際傷痛和情感創傷，所形成的早年制約和內在模式。

例如：因情感的背棄所產生「害怕自己不好」的感覺、恐懼關係的不安全帶來的傷痛、對不公平感到憤怒及嫉妒、對權威人物的畏懼和反彈、對他人不如己意的挫折和失落……

若沒有照見早年傷口，和那些內在模式的形成，我們就無法意識到及覺察出，現在許多無意識行爲和情緒反應的背後脈絡，以致只能自動化地重複在人我關係互動裡、在愛與被愛的經驗裡不斷上演、循環。

要愛回一個受傷了的自己，並不容易。因爲我們內在可能沒有能量、能力。虛弱得難以修復。於是，我們想期待他人的拯救或憐憫，或是怪罪及發洩在他人身上，來使我們迴避內在的痛苦及受害感。

於是，許多人把生命的全部力氣，都拿來要求與控制他人的給予和滿足自己的需求，以「預防」早年傷痛層（潛意識裡）的事件再發生。

若不是從內在空間、精神世界去著手滋養出力量，無論如何希求他人，如何要他人不斷補償、給予，也會有消失，失去依賴的那一刻。

因爲傷痛是在內裡，能安撫及支持自己的力量，也需要從內發生。若沒有從自己和自己的關係開始，產生正向連結並開始滋潤，那麼心中的安全力量（安全網）就始終無法編織完成，也沒有韌力可以承接住自己不掉落。

而我們之所以要爲自己的內在編織安全網（安全網是對自己的喜愛、尊重、肯定、呵護、欣賞、信任及容許），正因爲我們深知外在眞實的世界，無法如個人內心的想像和期待般運作，就算我們希望每天都是光明和快樂的，眞實的世界，還是會有黑暗和沮喪的存在。

不是只有真實的外在世界如此，我們的內在世界亦是如此。我們會感受到喜悅和幸福，也一定會感受到難過和挫折。我們有光明的人格面貌，同時也會有自己想隱藏的黑暗人格面貌。

因爲我們是眞實及完整的個體，因此屬於我這個個體的所有經驗，不論好的壞的，都會被我體驗到、經驗到。這不是我不夠好，乃是因爲生命的歷程，從來就不擔保只給你不費力、一切如意的心想事成，生命還是會爲了你的成長與蛻變，出現你必須面對的挑戰和課題。

面對這人生，我們最終的修煉，就是涵容生命一切的存在及發生，爲自己所經歷的內外經驗，找到一個和平共處的方式，讓我們能夠與自己和好，將自己從過去的框架和束縛中解放，並爲自己的生命實現眞實的自由，不再活在他人的口中，也不迷失在盲從的爭奪中。才能充分地體會到，你的存在，自在安然。

你可以想像我們的生命，就像是一片大海，生命的挫折與低落，就如海裡高低不同、大小不同的暗礁。大海隨著潮汐起伏，就像我們的生命能量有高有低，當海水高漲時，暗礁看不見了；當海水退降時，暗礁比比皆是。但無論暗礁露出或被隱藏，它都是大海的一部分。

而暗礁的存在，看似會引發海浪的拍擊並造成生命的擱淺，但暗礁卻也供應著許多小生物的棲息和養育，它對大海而言其實是不可或缺的。不論潮起潮落，暗礁都必然是大海的面貌及風景之一。

這就如同我們生活中的壞感覺及負面情緒的存在。或許生活順遂時，我們會暫時遺忘負面情緒及感受的存在，然而當身處逆境及面臨挫折，使我們意志消退，或抑鬱不得志時，也就是我們心底的暗礁浮現之時。你可以因這個畫面而覺得刺眼、厭惡、掃興，也可以學習欣賞這有別於一片蔚藍大海的風景。

只要你能保持接納及欣賞，暗礁（負面情緒）並不會傷害你。倘若你極度厭惡暗礁的存在，極力想剷除暗礁，或抑止暗礁的浮現，那麼這份對自己的蠻力與暴力，會造成的只是生命的失衡，以及更加快速的破壞。

試著讓自己做一個安然自在的人，不再以無法停止的努力、用力，要求自己非得如何不可。有時候，單單是接納自己，療癒就已然發生。

不再試圖改變過往的種種，而是從過往的種種中，汲取生命要我們覺察的自己，以及領悟到的智慧。然後，來得及爲自己的人生，賦予選擇權；告別過去容易受傷的自己，選擇爲自己的人生，勇敢地往前。

不要習慣去做困住自己的人，而是樂於去做讓自己自由的人。

因爲，你值得。

當你眞心實意地成爲完整的自己時，世界就不再是「可惡的他人」和「可憐的自己」了，而是一個個不同的人，和獨特的自己。

Eurasian Publishing Group
圓神出版事業機構
用心與你對話・視野無限寬廣
究竟出版社
Athena Press
www.booklife.com.tw　reader@mail.eurasian.com.tw
心理 044

可惡的他人和可憐的自己

即時療癒人際關係的痛與情感內傷

作　　者／蘇絢慧
發 行 人／簡志忠
出 版 者／究竟出版社股份有限公司
地　　址／台北市南京東路四段50號6樓之1
電　　話／（02）2579-6600・2579-8800・2570-3939
傳　　真／（02）2579-0338・2577-3220・2570-3636
總 編 輯／陳秋月
專案企劃／沈蕙婷
副總編輯／賴良珠
責任編輯／林雅萩
校　　對／蘇絢慧・林雅萩・蔡緯蓉
美術編輯／李家宜
行銷企畫／詹怡慧・陳禹伶
印務統籌／劉鳳剛・高榮祥
監　　印／高榮祥
排　　版／莊寶鈴
經 銷 商／叩應股份有限公司
郵撥帳號／18707239
法律顧問／圓神出版事業機構法律顧問　蕭雄淋律師
印　　刷／祥峰印刷廠
2018年12月　初版
2022年7月　7刷

定價280元　ISBN 978-986-137-264-8

面對這人生，我們最終的修煉，
就是涵容生命一切的存在及發生，爲自己的生命實現眞實的自由，
不再活在他人的口中，也不迷失在盲從的爭奪中，
才能充分地體會到，你的存在，自在安然。

——蘇絢慧，《可惡的他人和可憐的自己》

國家圖書館出版品預行編目資料

可惡的他人和可憐的自己：即時療癒人際關係的痛與情感內傷／蘇絢慧 著
-- 初版 -- 臺北市：究竟，2018.12
240 面；14.8×20.8公分 --（心理：44）

ISBN 978-986-137-264-8（平裝）
1.心理治療 2.人際關係
178.8　　107018263